南怀瑾经典 | 辅读版

南怀瑾说中庸

王 颖 \ 著

时事出版社

图书在版编目（CIP）数据

南怀瑾说中庸 / 王颖著 .—北京：时事出版社，
2017.8（2021.7 重印）
ISBN 978-7-5195-0113-6

Ⅰ．①南… Ⅱ．①王… Ⅲ．①南怀瑾（1917–2012）– 儒学 – 思想评论
Ⅳ．① B262.5 ② B222.05

中国版本图书馆 CIP 数据核字（2017）第 121548 号

出 版 发 行：时事出版社
地　　　址：北京市海淀区万寿寺甲 2 号
邮　　　编：100081
发 行 热 线：（010）88547590　88547591
读者服务部：（010）88547595
传　　　真：（010）88547592
电 子 邮 箱：shishichubanshe@sina.com
网　　　址：www.shishishe.com
印　　　刷：大厂回族自治县德诚印务有限公司

开本：670 × 960　1/16　印张：18　字数：270 千字
2017 年 8 月第 1 版　2021 年 7 月第 4 次印刷
定价：35.00 元
（如有印装质量问题，请与本社发行部联系调换）

前言

南怀瑾（1918—2012年），著名禅宗大师、国学大师，精通诸子百家、诗词曲赋、天文历法、医学养生，又兼通儒、释、道三家之言，堪称一代宗师，是中国传统文化的积极传播者，也是一位德高望重的教育家和实业家。南怀瑾出身于浙江的书香门第，自幼饱读诗书，对中国传统文化涉猎甚广，体悟深刻。经过多年的学习研究，他学贯中西，练就了文采斐然、通文达理的文笔。他四处讲学，门生弟子众多，在中西方文化界享有极大的名望和赞誉。

南怀瑾先生晚年更是秉承奉献精神，奔走各地传授一生所学，为弘扬中华传统文化的精粹竭心尽力。他一生奉行“佛为心，道为骨，儒为表，大度看世界；技在手，能在身，思在脑，从容过生活”的人生理想，对各类传统文化经典著作进行阐释，用一种通俗易懂的方式为人们提供打开文化宝藏的钥匙。南怀瑾先生希望用这样的办法，加深人们对自身民族文化的理解，重建文化自信。

近代以来，中国受西方文化影响甚巨，国内崇洋媚外的风气愈演愈烈，传统国学逐渐式微，命如悬丝。南怀瑾先生因此而焦虑担忧不已，他认为，一个国家如果想屹立于世界民族之林，其富有特色的传统文化至关重要，失去本国的文化支撑，永远难以得到其他国家的敬重。国学是中华传统文化的精华所在，不仅根植在民族发展的文化土壤中，也存留在每一个中国人的精神和习惯中。南怀瑾先生博闻强识，对国学研究颇为深广，希望能借助国学的力量，向全世界宣扬中华传统文化的无穷魅力。

南怀瑾先生特别推崇中庸思想，认为这是中国传统文化应用实际生活的重要方法和工具。《中庸》出自《礼记》，据传是孔子之孙子思所著。司马迁的《史记》中记载："子思作《中庸》。"大儒郑玄也认为："《中庸》，孔子之孙子思作之，以昭明圣祖之德也。"中庸之道是一种自我教育、自我修养、自我完善的方法，传统儒学要求达到理想人格，实现至善、至仁、至诚、至道、至德、至圣、合外内之道的理想境界。

由于中庸之道多针对于自我修养和自我超越，因此在中国传统文化中显得尤为重要，不仅儒家思想提倡中庸养德，道家、佛家以及各诸子百家也都主张中庸之道，依照天道人伦的规律为人处世，做到不偏不倚，恰到好处，这是一个人成功的必备条件。

《中庸》作为我国古老的文化典籍之一，被纳入"四书"之列，两千多年来，在中国文化史上散发着智慧的光芒。南怀瑾先生研究中庸思想，著有《中庸讲记》《话说中庸》等书，围绕《中庸》智慧，结合历史故事和现实生活，做出深入浅出的解读，并旁征博引，融会儒、道、佛三家之学，通过分析世间万物生成变化的原理，突出中庸之道的全民性和应用性，让读者明白为人处世的道理。这就使得《中庸》不再晦涩拗口，不再神秘难懂，力图让每个人都可以利用中庸之道修身养性，体悟生命的智慧。

本书包含南怀瑾先生阐释《中庸》中的为人处世、管理智慧、修养教化、自我教育、思辨哲学等精神，同时引入道家老庄的中庸思想、佛教定心静神等中庸之道进行互证。在思想方面，本书尽最大努力再现南怀瑾先生对经典的研究和阐释；在文字方面，尽力融入南怀瑾先生的著述风格。读者不仅可以从书中学习到南怀瑾先生的讲解，还能寻找到解惑的方法，为自己的人生找到正确的指引和帮助。读完此书，你会发现中庸之道是一门很平易近人、贴近生活的学问，也是每个人生活中不可或缺的学问。

目录

第一章 南怀瑾谈中庸内涵
Chapter1 不勉而中，不思而得，从容中庸

第二章 南怀瑾谈为人处世
Chapter2 庸德之行，庸言之谨

第三章 Chapter3 南怀瑾谈修养教化 成己仁也，成物知也

第四章 南怀瑾谈管理智慧
Chapter4 中庸其至，民鲜能久

第五章 南怀瑾谈自我教育
Chapter5 慎思之，明辨之，笃行之

第一章

南怀瑾谈中庸内涵

不勉而中，不思而得，从容中庸

《中庸》和《大学》《论语》《孟子》合称为“四书”，影响了中国千年的民族文化，但现如今的《中庸》却常常被人误读，甚至被调侃为“国家民族百年来吃尽了苦头”的“罪魁祸首”，中庸之道也被理解为得过且过、随波逐流，这其实是对《中庸》内涵的极大误解。南怀瑾先生就此指出，《中庸》是发挥圣学的宏文，而培养中庸之道，乃是培养“不勉而中，不思而得”的圣人学养。

中者天下之正道，庸者天下之定理

中庸之道侧重于内圣，同道家、佛家讲修养功夫有密切关系。

——南怀瑾

《中庸》堪称中国儒家思想的总纲，作者是孔子的嫡孙子思，本是《礼记》的一篇，后来被宋代哲学家朱熹选入了“四书”。朱熹曾写道：“子程子曰：不偏之谓中，不易之谓庸。中者，天下之正道。庸者，天下之定理。”南怀瑾先生认为“中”是相对来说的，因为先有两边，而后才有中，文学上说得过去，但是哲学上说不过去，“不偏之谓中”简单来说就是不走极端。“不易之谓庸”，就是说不能变动的叫作“庸”，南怀瑾先生认为天下没有不能变动的东西，因为《易经》上有“周流六虚，变动不居”，所以“万变之谓庸”才有道理，也就是说不管怎么变化始终适用的东西才能称之为“庸”。

中庸是一种永不过时的思想方法

对于《中庸》，朱熹还说道：“其书始言一理，中散于万事。”换句话，中庸就是讲一个东西，然后把人事等各种各样来比方，“末复合为一理”，最后又归到一个道理。“放之则弥六合，卷之则退藏于密。”朱熹引用《易经》的思想，说《中庸》的学问之大，把它开展起来，整个宇宙都在《中庸》的学说思想范围之内，收藏起来，变成密宗了，也就是变成了普遍适用的思想了。

一百多年以前，凯巴伯森林一片葱绿，生机勃勃。那时森林里大约有四千只鹿，但是这里也有凶残的豺狼，它们残害着这些美丽的鹿。

当地居民对狼憎恨不已，于是他们组成了狩猎队，到森林中大肆捕杀狼。二十余年间，在凯巴伯森林中，狼与其他一些鹿的天敌总共被杀掉六千多只。

凯巴伯森林从此成了鹿的乐园。它们大量繁殖，总数很快超过了十万只。可是森林中反而闹起了饥荒，鹿吃光了所有绿色植物。整个森林像着了火一样，绿色在消退，枯黄在蔓延。紧接着，疾病像妖魔的影子一样在鹿群中游荡。仅仅两个冬天，鹿就死去了六万只。到 1942 年，凯巴伯森林只剩下了八千只病鹿。

人们做梦也不会想到，他们捕杀的狼居然是森林和鹿群的“功臣”。狼吃掉一些鹿，使鹿群不会发展得太快，森林也就不会被糟蹋得这么惨；同时狼吃掉的多半是病虚弱鹿，反倒解除了传染病对鹿群的威胁。而人们特意要保护的鹿，一旦在森林中过多地繁殖，反倒成了破坏森林、毁灭自己的“祸首”。

这个故事和中国的名言“水至清则无鱼，人至察则无徒”有异曲同工之妙。中庸是适中之道，世界上没有最好的，只有最适合的，而中庸就是最适合，也就是“无过无不及”。

中庸是时至今日依然适用的处世哲学

1906 年，学者辜鸿铭把《中庸》翻译到了西方，立即引起了轰动，人们是被《中庸》的标题吸引的，因为“中庸”翻译成英语是“the universal order or conduct of life”（对人生最普遍的指导）。这篇文章通篇其实只谈了两个字“中庸”，但这两个字却是一把打开幸福之门的钥匙。它告诉人们，凡事要适可而止，既不能不够，也不能超过，但是也要坚定不移，不能动摇，不能偏废两端，要不偏不倚地行事。这一智慧，既可以用于做人，也可以用于治学，所以说，它是“对人生最普遍的指导”。

庄子在山中行走，看见一棵大树，它的枝叶非常茂盛，伐木人停在树旁却不去砍伐。庄子问他为什么不去砍伐，他说：“没有什么用处。”庄子说：“这棵大树因为不够良木的材质，所以才能享尽天赋的寿命。”

庄子走出山区，在老朋友家歇息。老朋友很高兴，便叫童仆杀鹅来款待庄子。童仆问道："有一只鹅会叫，另一只鹅不会叫，请问杀哪一只？"主人说："杀不能叫的。"

第二天，弟子向庄子问道："昨天遇见的山中之树，因为材质不好而能够终享天年；现在主人家的鹅，却因为没有才能而被杀。先生将要处于哪种情境呢？"

庄子笑着说："我庄周将要处于有才和无才之间。不过处于有才和无才之间似乎妥当，其实不然，所以不能免于拖累。若是顺应自然之道而游于虚无之境，那就大不一样了。那时，既没有美誉也没有毁谤，时隐时现犹如龙蛇一般，随时变化，而不偏执一端。上上下下随意飞腾与潜伏，以顺应自然为法则，游心于万物产生之前的浑沌境界。主宰万物而不被外物所役使，那么怎么还会受到外物的拖累呢！这是神农和黄帝的处世法则。若是万物的情况和人类的习俗就不是这样了，有了汇合就有分离，有了成功就有毁坏，锐利的将被挫折，尊贵的将被非议，有作为的人将要遭受亏损，有贤能的人将要遭人谋算，没出息的人就会遭受欺侮。谁又能得知荣辱福祸必然来临的原由呢，可悲啊！弟子们要记住，想要免于拖累，只有进入清静无为的大道境界了。"

所有的车都是两个轮安在一个轴上，但是车子总是沿着两轮之间的轨迹行走。人都有两条腿，可是人走路的路线，既不在左腿，也不在右腿，而是在两腿之间。中庸处世，也是如此：不要走极端，保持中和。

君子中庸，小人反中庸

中庸这个境界，就是“道”，体、用俱全的，定个名字叫中庸。反中庸，违背了道，一切行为、修养同道相违背。

——南怀瑾

朱子曾言：“中庸者，不偏不倚、无过不及，而平常之理，乃天命所当然，精微之极致也。惟君子为能体之，小人反是。”《中庸》里有句话，叫作“君子中庸，小人反中庸。君子之中庸也，君子而时中；小人之中庸也，小人而无忌惮也”。意思是说，君子是中庸的，而且“时中”，能依随外界情况的变化而做相应的调整，时刻居于中的位置上，时刻保持中庸的状态。小人则反中庸，无所忌惮。

中庸即是自省之道

南怀瑾先生认为，君子的中庸之道，在于慎独、自省。孟子强调现世之命，即所有的一切都是命中注定，我们不能怨天尤人。另有一句话，“不迁怒，不二过”，是指我们怨不得天，也怨不得人，不能迁怒他人，但是也要避免再一次犯错。真正的君子修养，是可以自查，同时能正视错误的。学会慎独、自省，避开社会中的陷阱，反思自己曾经的过错，做到无二过，坚定自己的思想，成为一身正气真君子。

在遥远的先秦时代，君子的气节蕴含着礼义与和谐，有一套为人处事的标准，就是君子的立身准则。《左传》中曾言：“圣达节，次守节，下失节。”

就是说古代君子贤士注重礼乐，礼的精神是“节”，而乐的精神是“和”，君子的生活准则中有节也有和，这就是儒家的中庸之道，君子以气节为基础，便成就了儒家的礼义道德。

为什么说“君子中庸，小人反中庸”呢？“君子之中庸也，君子而时中。”一个真正明道、见道、悟道、修道的人，无论身在何处都在道中行；对于学佛的人来说，随时随地都在定中，都在那个境界里头。“小人之中庸”是说小人怎么样反中庸呢？小人无所忌惮，没有一种正的心理，即严肃自我的心理。用禅宗达摩祖师的话来说就是，“一念回机，便同本得”。

小人之反中庸

与君子相反，小人（这里指普通人，佛家叫作凡夫）反中庸，违背了道，一切行为、修养同道相违背。正所谓“从其大体者为大人，从其小体为小人”。君子之道——中庸，随时都在道中行。孔子曾说过，不能中行而与之，必也狂狷。那么狂狷之人岂不就是“小人”之意吗？孔子在这里还是欣赏狂狷者的，但这反而就和《中庸》批判小人肆无忌惮的旨趣冲突了。

孔子曾言：“君子有三畏，畏天命，畏大人，畏圣人之言；小人不知天命而不畏也，狎大人，侮圣人之言。”君子知天命而畏天命，小人不知天命，所以也不会敬畏天命。同样，唯有君子才能体察和践行中庸之道，小人不知何为中庸，又如何能反中庸？中庸之道不会成为被反的对象。这其中也蕴含了知行合一的思想，知之真切笃实即是行，“知”中庸必然也能“行”中庸，小人反中庸其实是不知中庸。如孟子曰：“行之而不著焉，习矣而不察焉，终身由之而不知其道者，众也。”

既然小人不识中庸，也不能反中庸，那么为什么说“君子中庸，小人反中庸”？孟子曰：“从其大体为大人，从其小体为小人。”所谓“小人反中庸”，是指小人被欲望、习气、势利等驱使，唯利是图，言行举止不合仁义之道。这是站在君子中庸的立场上审视小人之行为，而说小人反中庸。郑玄说“‘反中庸’

者，所行非中庸，然亦自以为中庸也”，显然也是错误的。而下文说“君子之中庸也，君子而时中；小人之中庸也，小人而无忌惮也”，论述的角度已经从“君子”转移到“中庸”，就不必再加一个“反”字而说“小人之反中庸也”。南怀瑾先生认为，做事应当中庸行事，不偏不倚，欲速则不达，物极则必反。不守住自己的位置，而想去抢占别人的地位，这样也是一种不明智的做法。因而，做人做事，要行君子的中庸之道。

中庸行事，不偏不倚

古往今来各个朝代，都有许多违反中庸之道的例子。譬如历史上著名的商鞅变法使秦国逐渐强大起来，秦始皇时期的李斯仍然建议以法家思想治国，焚书坑儒，倡导耕战，摒弃思想文化发展，最后将秦国变成一个极端尚武的战争机器，在治理国家的时候专恃暴力，不重仁德，到了秦二世时，国家便已灭亡。

南怀瑾先生认为，人生好像在大海中航行，时时遇见波涛阻力，因此船头不能做成方形，而做成尖圆形，就为了减少阻力。遇事时斤斤计较，不行中庸之道，很难与人相处，更难成就大事。

人们自然不会朝夕都需要做出这么极端的选择，可毕竟鱼和熊掌不可兼得，面临问题的时候我们总要去下定决心来做一个抉择的，至于究竟该如何取舍好，不能人云亦云，自己要有个是非价值观，看清楚事物的本质，懂得事事难做到圆满，常保持一颗平常的心态，便不难处理生活中一些棘手的选择。

南怀瑾先生说：“这两个人的思想，一个是奉行君子中庸之道的绝对无我为公，忘己为人；一个是小人反中庸的绝对为己的个人主义、自由主义。这是属于哲学思想的大问题。”只有绝对为公的理念，而没有绝对的公，同时也不可能存在绝对的私，你的东西我不拿，我的东西你也不要碰，这是做不到的。所以，保持君子的中庸之道，才可于人间大道中慎独、自省。

性、命、道、教，明中庸之义

修行不只在山上，也不只在庙里，更需要在社会中。要在修行中生活，在生活中修行。

——南怀瑾

《中庸》开篇就是“天命之谓性，率性之谓道，修道之谓教”，这里的“天命”的“天”不是宗教意义的天，也不是天文科学的天，它指的是形而上，指禀赋的人性。

南怀瑾先生认为，《中庸》里讲人性的来源，自然的禀赋就是“性”。但是儒家的观点认为，人性本来是至善的、不坏的，坏是后天造成的。从性善派的这个思想来看《中庸》的“天命之谓性”，这里的“性”是本来干净的、纯洁的、善良的、无私的。用西方的哲学观念来说就是真、善、美的。

明中庸之道需要参悟

《中庸》不仅是中华民族古文典籍之一，也是一部教人做人、做事的社会现实教科书。中和就来自中庸，它所追求的中和的境界。孔子所讲的“五伦”，又叫“五达道”，包括君臣、父子、朋友、夫妇、兄弟的关系，这五者通过人伦关系去学习人道。还要学习“三达德”，即智、仁、勇。

印度王子悉达多到森林中，希望悟出人生社会之大道。六年来，他和他的追随者，从来没有离开过树林。口渴了就饮雨，饿了就吃野生的麦子或泥巴清汤，甚至是飞鸟的排泄物。他们尝试着借由苦行让他们的意志更坚强，而忘却他们的身体。

有一天，悉达多听到船上的一位老乐师对他的学生说：弦绷得太紧容易断，太松则弹不出调。悉达多突然领悟其中的奥妙。发现这些年他所追寻的道路并不正确。于是他开始放弃苦行，到河水中洗澡，并反复回味着：弦绷得太紧容易断，太松则弹不出调。

一位村女给悉达多一碗饭，这是多年来他首次接受适当的粮食供养。但那些追随他的苦行者见到他饮食和沐浴，竟和一般常人一样，都觉得自己被出卖了，认为悉达多放弃了开悟的追寻。而悉达多则对他们说：来吧，和我一起用餐。他们说：悉达多，你已背叛了苦行的誓言，你已经放弃了追求，我们不能追随你了。悉达多说：放弃苦行不等于放弃追求，学习本身就是一种改变啊。悉达多的开悟之道就是中道，是所有极端的中间。

后来悉达多成为了伟大的释迦摩尼，靠的是自己的领悟。我们追求中庸之道也是同样的道理，需要我们去领悟。儒家提倡的中庸之道，提倡的是以诚、以宽、以礼待人；不偏听偏信，也不放弃原则，而要以社会的利益为重，高瞻远瞩地、全面地观察和处理问题。

中庸是一种恰到好处的处世哲学

孔子对过与不及都加以排斥，他所倡导的中庸，是不偏不倚、无过无不及的，并且牢牢把握了恰到好处的中正处，即坚持了适度的原则。那么，如何找到一个适合的度，做到“时中”呢？

有一次，子贡问孔子：“师与商也，孰贤？”在这里，“师”指的是颛孙师，是子张；“商”其实是卜商，也就是子夏。他们都是孔门了不起的弟子。在性情上，子张与子夏哪一个更好啊？孔子说，在品行上“师也过，商有不及”。子张有时候会稍微过头一点，子夏有时候会有不足、不及，还达不到标准。子贡又问：“然则师愈与？”那是不是子张过了一点更好呢？孔子答道：“过犹不及。”过和不及都不好，都没有达到中正的标准。要坚守一个中道，子夏的处事有一点赶不上，子张的处事有一点过头，这样都不好。

孔子曾说：“质胜文则野，文胜质则史。文质彬彬，然后君子。”文和质要相当，即形式和内容相当才比较好。孔子在评价一首诗的时候，说：“乐而不淫，哀而不伤。”快乐不至于太淫荡，哀伤的时候也不是过分的痛楚，保持一个中道，情感表达是这样。孔子的弟子说孔子的性格是“温而厉，威而不猛”，“恭而安”，他有威风，恭敬而又很安详。这一切都说明孔子推崇恰到好处的人生哲学。

戒惧谨独，执中之道

“道”这个东西并没有离开我们，每个人生下来本身都有道的。

——南怀瑾

《中庸》写道：“道也者，不可须臾离也，可离非道也。是故君子戒慎乎其所不睹，恐惧乎其所不闻。莫见乎隐，莫显乎微，故君子慎其独也。”南怀瑾先生认为我们每个人都有道，但是我们生下来以后离开了道——不是离开，而是蒙蔽住了，因为道是永远跟着我们的，是后天的情、识、观念把这个道挡住了，所以我们要见道、修道。

戒惧谨独，修道之途

我们要见道、修道，在行为上讲，就是指我们每一天做事都要小心，要谨慎，在别人看不见的地方也要约束自己的行为。曾子在《大学》中上讲：“小人闲居为不善。”一个人平常很讲道德，很严肃，当独自一个在房间时，却什么事情都做得出来，这就不是修道人的规范。

有一天深夜，卫国的国君卫灵公和他的夫人南子在宫中对坐闲谈，后来听到王宫外面的路上传来一辆马车行驶的声音，由远及近渐渐清晰。

当这辆马车经过王宫门外时，这个声音稍稍停顿了一下，然后又重新响起，但是现在的声音和刚才的明显不同，可以推测出车速已经减慢，而且车身承受的重量一下子减轻了不少，也就是说，原本坐在马车上面的那个人已经下车步行了。当马车走过王宫大门之后，又重新恢复为先前响亮的马车声，可见马车的主人又回到了车上。

南子对卫灵公说："那辆马车上面坐着的人一定是蘧伯玉。"卫灵公问她为什么这么肯定，她回答说："按照礼制，臣子在乘坐马车经过君主的宫门前时，应该下车步行并减慢车速，表示对君主的尊重。虽然现在是夜深人静的时刻，但凡是君子都不会在没有人看见的地方就废弃礼仪。蘧伯玉是个君子，他平日对上恭敬，一定不肯在暗昧的地方失礼。"于是，卫灵公派人前去打听，刚才经过的人果然是蘧伯玉。

作为当时一位贤德的士大夫，蘧伯玉并没有因为自己的行为处在别人视线之外就放松对自己的要求，依然做到了慎独。慎独是一种高度的自觉，在古代一直是君子修身的一条重要原则。现在，我们在遵守社会公共道德时就要努力做到这样，不管在什么场合，都能用严格的标准约束自己的行为。

私下的道德要求是难能可贵的

南怀瑾先生认为修道人应该"戒慎乎其所不睹"，在任何人都看不见的地方，行为却和在佛堂里、在教堂里、在孔庙里、在父母的前面、在祖宗的前面完全一样，这是修道的行为。表面和背后完全一样，那还不算数；看见与看不见的地方一致，这是道德的标准、行为的标准。但是现实生活中，我们总是在私下放松了对自己的要求，存在侥幸心理，做出和平时不一致的行为，这样违反了自己天性上的道德。

即使没有人听见，乃至没有鬼神听见，可是一样要恭敬而严肃，这是行为的标准，也就是一个人有没有教养的标准。现实生活中，我们也要严格要求自己，为了达到中庸之道，时时要求自己。

天人合一，中庸之道的理论基石

百年奇特几张纸，千古英雄一窖尘。唯有炳然周孔教，至今仁义洽生民。

——南怀瑾

天人合一是中庸之道的理论基石，因为中庸之道是儒家的君子之道，是儒家外王内圣、推己及人之道。中庸之道强调，通过我们自身的精神道德修养实现见道、修道、行道的目的。它有一套完备的理论基础来教我们如何实现天人合一："喜怒哀乐之未发，谓之中；发而皆中节，谓之和。中也者，天下之大本也；和也者，天下之达道也。致中和，天地位焉，万物育焉。"其中的"致中和，天地位焉，万物育焉"是中庸的最高追求目标，也就是天人合一。

儒家的天人合一

儒家认为天道是至诚的，《中庸》说："诚者，天之道也。诚之者，人之道也。诚者，不勉而中，不思而得，从容中道，圣人也。诚之者，择善而固执之者也。"郑玄也说过："言诚者天性也，诚之者，学而诚之者也。"人道就是追求诚，也就是要求人道与天道相吻合以实现天人合一。

而要实现天人合一，必须"喜怒哀乐之未发谓之中，发而皆中节谓之和。中也者，天下之大本也；和也者，天下之达道也"。也就是说我们必须先从心理上下功夫修炼自己，各种感情和欲望在没有发出来时，要控制它，不要太过，也不要不及，要有守中的定力。在感情和欲望发出来时要有节制，要保持平和的态度。我们先要改变自己、修炼自己、完善自己的内心，使自己的内心达到至诚、至善、至美，才能达到中庸之道。

曼德拉是闻名世界的伟人，他改变了南非种族歧视的观念，使南非成为黑人、白人平等的非洲国家，他也成为非洲第一位黑人总统。但是他年轻的时候却是一个提倡以暴制暴的黑人青年，使他改变的却是一块十分普通的墓碑。

这块墓碑位于闻名世界的威斯特敏斯特大教堂地下室的墓碑林中，然而它的外观却十分普通，粗糙的花岗石质地，造型也一般，同周围那些质地上乘、做工优良的亨利三世到乔治二世等二十多位英国前国王的墓碑，以及牛顿、达尔文、狄更斯等名人的墓碑比较起来，它更是一块十分普通的墓碑，没有姓名，没有生卒年月，甚至上面连墓主的介绍文字也没有。但是就是这样一块墓碑上却刻着改变这位南非伟人的文字：

“当我年轻的时候，我的想象力从没有受过限制，我梦想改变这个世界。当我成熟以后，我发现我不能够改变这个世界，我将目光缩短了些，决定只改变我的国家。当我进入暮年以后，我发现我不能够改变我的国家，我的最后愿望仅仅是改变一下我的家庭。但是，这也不可能。当我现在躺在床上，行将就木时，我突然意识到：如果一开始我仅仅去改变自己，然后作为一个榜样，我可能改变我的家庭；在家人的帮助和鼓励下，我可能为国家做一些事情。然而，谁知道呢？我甚至可能改变这个世界！”

从上面的例子可以看出，或许天道是崇高的，至高无上的，看起来高不可攀的，但是我们只要先改变自己，先完善自己的道德品质，先提高自己的思想修养，通过持之以恒的见道、修道、行道，把自己提高到至诚、至善、至美的高度，我们也能实现天人合一的儒家终极追求，如此我们也能做到“致中和，天地位焉，万物育焉”。

道家的天人合一

道家也提出了天人合一的思想，庄子说过：“有人，天也；有天，亦天也。”

在道家看来，天是自然，人是自然的一部分，天人本来是合一的。但是人类自己制定了各种法律制度、道德规范来约束了自己的行为，使自己变得不那么自由了，不能和大自然协调地在一起。而道家就是希望打碎加在人身上的各种条条框框，将人性解放出来，重新归于自然，达到“万物和我融为一体”的境界。

有一天，庄周正在小憩，恍惚中做了一个梦。梦见自己变成一只上下翩飞的蝴蝶。时而游荡在花丛中，时而停落在牛羊的犄角上，他觉得自己非常快乐，悠然自得，浑然忘我。突然间梦醒了，他看到的却是依然僵卧在床上的自己，顿时觉得有些怅然，但是梦中的记忆还是那么清晰、那么自然，于是庄周提出了一个问题：不知是庄周做梦变成了蝴蝶呢，还是蝴蝶做梦变成了庄周？

道家的天人合一追求人与自然的和谐统一，人要遵从天道、融入到天道中，而不是去改变天，改变自然。现今的环境问题、自然问题如此的严重，在当今社会人定胜天的思想下，几百年来大自然遭到了野蛮的开采，受到严重的破坏，以至于现今的人们遭到了大自然的无情报复，如雾霾、酸雨等。如果人们能够遵从庄子的天人合一思想，或许人类和大自然还是能够融为一体，现在的环境问题也不会那么严重。

人性本善，天命之谓性

道是天下人的公道。生命的意义不在肉体上，自性是光明的，不要被四大牵着走，不要玩弄四大。

——南怀瑾

南怀瑾先生详细解释了“天命之谓性”中的“天”，他说《中庸》所讲的“天”是抽象的，代表形而上的道，也可以把它当作宇宙之间万事有一个不可知的力量。有时候这个天代表人的善心，同佛家“明心见性”这个“心”是一样的。譬如学佛、禅宗的境界里有一个词“性天风月”，就是说本性里头的、人的自性里头那个天地、那个宇宙，有它的境界，有它的风光，所以叫作“性天风月”。而天命这个命是当成禀赋赋予、给予我们的，生命当中自然有这股力量给我们，这就是“人性”。“天命之谓性”，就是老子所讲的“人法地，地法天，天法道，道法自然”，就是上天自然而然给你的本性。

人性本善

《中庸》所讲，人性的来源，自然的禀赋，这个就是“性”。儒家认为人性本来是至善的，本来如一块晶莹剔透的宝玉一般，是不坏的；坏是后天造成的。所谓“赤子之心”指的是刚刚出生的小孩的内心是纯洁无瑕的。性善派认为《中庸》“天命之谓性”中的“性”是本来干净的、纯洁的、善良的、无私的天性，总而言之，是至真、至善、至美的，也就是西方哲学观念中的真、善、美的天性。孟子讲:“人之异于禽兽者几希，庶民去之，君子存之。”君子是谓君子，保留的恰好就是人之所以为人的性善，人和禽兽的差别，就这么一点点，所以我们说儒家，孔子、孟子，特别是孟子以后推崇性善论，孔子对《诗经·蒸民篇》的推崇，作为人的本质的东西是善。

孟子的父亲早早地死去了，母亲守节没有改嫁。在他年幼时，他们曾住在墓地旁边。有一次，孟子和邻居的小孩一起学着大人跪拜、哭嚎的样子，玩起办理丧事的游戏。孟子的母亲看到了，皱起眉头，心想：不行！我不能让我的孩子住在这里了！孟子的母亲就带着孟子搬到市集旁边去住。到了市集，孟子又和邻居的小孩学起商人做生意的样子：一会儿鞠躬欢迎客人，一会儿招待客人，一会儿和客人讨价还价，表演得像极了！孟子的母亲知道了，又皱皱眉头想：这个地方也不适合我的孩子居住！于是，他们又搬家了。这一次，他们搬到了学校附近。孟子开始变得守秩序，懂礼貌，喜欢读书。这个时候，孟子的母亲很满意地点着头说:“这才是我儿子应该住的地方呀！”

因为人性本善，所以后天的成长环境对青少年的成长尤其重要，所谓“近朱者赤，近墨者黑”，外在的环境对青少年的影响很大。古语云:“子不教，父之过。”现代的人们不应仅仅享受高品质的物质生活，更应追求高品位的精神生活，做长辈的也要为下一辈的健康成长创造良好的环境。如同孟母一样，孟子后来成为大学问家，与孟母为他创造的良好的社会环境熏陶感染有很大关系。

违背天命的是“伪”

因为“天”在古人眼中是神圣的、崇高的、具有不可猜测的力量，所以天所赋予人的天性也被认为是宝贵的、神圣的。古人讲究顺天应人，讲究天理伦常，就是要告诉我们顺天而行，不要违背自己的本性。我们都应该孝顺父母、爱护家人、尊重长辈、爱护幼小，做一个顺天性而行的人，做一个真、善、美的人，而不是虚假的人。

在现今这个物欲横流、思想纷杂的物质社会，总有各种违背天理人伦的事情或者人出现。这种违背天性的行为就是伪，他们带着自己的目的做出种种伪装，违背自己的天性，这样的人是不可深交的。我们要在遵从自己的内心的同时，还要远离这些伪的人或者事。

自我教育，率性之谓道

英雄能够征服天下，不能克服自己；圣贤不想征服天下，只想征服自己。

——南怀瑾

南怀瑾先生认为儒家讲的道是体用不分，就是没有把形上之道与形而下的行为分得那么严格。“率”在古代的解释里是“直”，直道而行，不转弯的，不是老子所讲的“曲则全”，不是歪曲。直，也就是直心，没有被坏的观念染污的，纯洁的、天然的，这个就是道。依本性至善，第一念的至善之心，这就是道。这个道，做个比较来说:《中庸》的道在“天命之谓性”的之下，“道”变成“用”。“率性之谓道”，不加上后天的心思，不加上后天的染污，直道而行，这就合于先天的道。

依存本心，找到属于自己的道

因为人性本善，所以我们小时候的心灵愿望都是美好的，我们都是向往着美好的生活，向往着新奇的世界，但是进入现今这个物质社会，我们或是被生活所压迫，或是被外界的诱惑所迷惑，或是对自己没有信心，不能依本心而心，改变了自己的道，这个时候我们就是需要率性而行，不要被外界诱导。

邓亚萍童年立志做一名优秀的运动员。但是她个子矮，手脚粗短，根本不符合体校的要求，所以体校的大门没能向她敞开。于是，年幼的邓亚萍跟父亲学起了乒乓球。邓亚萍虽然只有七八岁，但为了能使自己的球技更加熟练，基本功更加扎实，便在自己的腿上绑上了沙袋，而且把木牌换成了铁牌。付出总有回报，由于邓亚萍的执着，十岁的她便在全国少年乒乓球比赛中获得团体和单打两项冠军。

进入国家队后，邓亚萍都是超额完成自己的训练任务，经常加时训练。邓亚萍为了训练经常误了时间，就自己泡面吃。长时间从事大运动量、高强度的训练，从颈到脚，邓亚萍身体很多部位都有伤病。

邓亚萍先后获得十四次世界冠军头衔；在乒坛世界排名连续八年保持第一，是排名世界第一时间最长的女运动员；唯一一位蝉联奥运会乒乓球金牌的运动员，并获得四枚奥运会金牌。她的出色成就，改变了世界乒坛只在高个子中选拔运动员的传统观念。

我们都知道坚持本心是难得的，坚持自己的本心做出来的事情总是顺心顺意、事半功倍，就算我们做的事情不成功，我们也能无怨无悔，因为我们付出过。

自我反省，自我学习

我们在见道、修道的过程中，总是做得不完美，容易犯各种各样的错误，这时就需要我们自己反省，改正错误。孔子说过：“见贤思齐焉，见不贤而内自省也。”孔子的学生曾子很能力行“自省”这一主张，他经常做到“吾日三省吾身”，即检查自己“为人谋而不忠乎？与朋友交而不信乎？传不习乎？”圣人尚且如此，何况我们碌碌凡人呢？

司马光小时候和哥哥弟弟们一起学习，觉得自己记忆力比较差，便想办法克服这个弱点。每当教师讲完书，哥哥弟弟们读上一会儿，勉强背得出来，便一个接一个地丢开书本，跑到院子里玩。只有他不肯走，轻轻地关上门窗，集中注意力高声朗读，读了一遍又一遍，直到读得滚瓜烂熟，能够流畅地、一字不错地背诵，才肯休息。

司马光从小到老，一直坚持不懈地学习，做官之后反而更加刻苦。他住的地方，除了图书和卧具，再没有其他珍贵的摆设。卧具也很简单：一张木板床，一床粗布被子，一个圆木枕头。为什么要用圆木枕头呢？说来很有意思，当读书太困倦的时候，一睡就是一大觉。圆木枕头放到硬梆梆的木板床上，极容易滚动。只要稍微动一下，它就滚走了。头跌在木板床上，咚的一声，他惊醒了就会立刻爬起来读书。司马光给这个圆木枕头起了个名字叫“警枕”。

金无赤足，人无完人，我们普通人总有各种各样的缺点和错误，我们要一日三省吾身，找出自己身上的问题，然后改掉它。我们每改正一点错误，就离我们的道越近了一步，或许我们都需要一个“警枕”来帮助自己改正错误，帮助自己进步。

遵循人道，修道之谓教

有器度、有见识的人，他虽然从艰苦困难中成长，反而更具有同情心和慷慨好义的胸襟怀抱。因为他懂得人生，知道世情的甘苦。

——南怀瑾

南怀瑾先生认为所谓“率性之谓道”，就是不加上后天的心思，不加上后天的染污，直道而行，这就合于先天的道。但是人往往不可能做到！人生下来，受到后天的社会环境、家庭的教育、社会的教育等各种因素的影响，心思龌龊了、脏了，或者歪了，就必须把它纠正过来，所以要修行；修正自己的行为，把它改过来，所以“修道之谓教”。

教育在修道的过程中非常重要

因为人性本善，所以后天教育尤为重要。中国有句老话：“苟不教，性乃迁。教之道，贵以专”，说的就是教育的重要性。如果后天不教育，人的性格就会改变，会变坏。但是孩子成长要靠自己，不要过分要求，让他自由发展。教育不在于他将来成功不成功，先希望他长大做个好人。修道就是规规矩矩做事，老老实实做人，有好的人品和教育修养。

金溪有个叫方仲永的百姓，家中世代以耕田为业。仲永长到五岁，不曾认识书写工具。忽然有一天，仲永却哭着索要这些东西。他的父亲对此感到诧异，就到邻居家把那些东西借来给他。仲永立刻写下了四句诗，并题上自己的名字。这首诗以赡养父母和团结同宗族的人为主旨，给全乡的秀才观赏。从此，指定事物让他作诗，方仲永立刻就能完成，并且诗的文采和道理都有值得欣赏的地方。同县的人们对此都感到非常惊奇，渐渐地都以宾客之礼对待他的父亲，有的人还花钱求取仲永的诗。方仲永的父亲认为这样有利可图，就每天带领着仲永四处拜访同县的人，不让他学习。

王安石听到这件事很久了。明道年间，王安石跟随他的父亲回到家乡，在他的舅舅家见到方仲永，他已经十二三岁了。王安石叫仲永作诗，写出来的诗已经不能与从前的名声相称。又过了七年，王安石从扬州回来，再次到他的舅舅家去，问起方仲永的情况，回答说："他的才能消失了，和普通人没有什么区别了。"

方仲永的通达聪慧，是先天得到的。他的天赋，比一般有才能的人要优秀得多；但最终成为一个平凡的人，是因为他后天所受的教育还没有达到要求。南怀瑾先生认为修道就是教育的目的，人同一切众生、一切禽兽、一切生物不一样，因为人有思想、有教育、有文化，可以把坏的一面修正、改过来，去见道、行道、修道。

教育改变人生

孔子的一生，有三千弟子，其中七十二贤人，但是真正有成就的，不过十来个人而已。释迦牟尼佛一生也是这样，真有成就的就是十大弟子，尽管经典讲得那么热闹。但是，这些可以证明大多数人不需要受教育吗？当然不是，教育不一定能让你有多大的成就，但一定可以改变你的人生。

据说犹太人有一个传统，犹太人父母在孩子的书中滴上蜂蜜，让孩子觉得书很甜，从此喜欢读书。有人统计过，犹太人平均每人每年要阅读三百多本书，他们从书中积累了丰富的知识，因此成为世界公认的最有创造力的民族。

读书是教育的一种有效渠道，是改变人生和命运的最好途径。古代大儒荀子认为，人的本性是喜欢安逸的，人人都有懒惰之心，只有通过不断的教育和学习，才会使人成为有志向有抱负的人才。

司马光小时候是一个聪明的孩子，但是他又贪玩又贪睡，不喜欢读书学习，因此经常被老师责罚，又被同伴嘲笑。有一天，老师带领学生们去看工匠烧制陶器。司马光看见有一些好像废砖的东西扔在墙角，无人理会，还有一些陶瓷制品放在架子上，而最好的瓷器则是摆放在屋子的方桌上，很多人围着欣赏，连声赞叹。

司马光觉得很奇怪，就问老师，同样都是用泥坯烧制出来的东西，为什么有的是废砖，有的是普通陶瓷，有的是精美瓷器，它们之间怎么差别那么大呢？老师笑着说道："那是因为下的功夫不一样，工匠随便加一点火焰，把泥坯烧成砖，顶多值两文钱；如果花费一些心思，加大高温的火焰制成瓷器，价值就有数十倍的增长；如果投入更多心血和努力，独具匠心，工艺精致，把泥坯制成一件艺术品，那么可能就是一件无价之宝。"

听了这些话之后，司马光立刻明白了，人就好像一块泥坯，如果不用心雕琢烧制，再好的材料也只能成为一块废砖。从此以后，司马光端正学习态度，决心改掉贪玩贪睡的坏毛病，变得勤奋好学，终于成了一个学识渊博的人，写成《资治通鉴》，并成为一代名相。

那么，我们为什么要读书学习呢？南怀瑾先生认为传统中最正确的答案便是"读书明理"四个字。明理，是先要明白做人的道理。南怀瑾先生还教导我们读书是为了做人，而不是为了生活。

庸德之行，不敢不勉

真正一个明道、见道、悟道、修道的人，随时随地都在道中行。

——南怀瑾

《中庸》说："庸德之行，庸言之谨，有所不足，不敢不勉。有余不敢尽，言顾行，行顾言，君子胡不慥慥尔。"意思是说，按照道德要求去做事，小心谨慎地说话，有缺点和不足之处要自我勉励，有优点和长处也不要完全显露出来，做到言行一致，这就是一个稳当持重的君子。《中庸》的这一番话对人的道德行为要求极高，想做到言行一致，知行合一，成为一名守道行道的君子，是非常不容易的。南怀瑾先生认为，即便行道艰难，我们也该迎难而上，因为修道的人就是这样，专门攻克苦难，不去贪图享受。他用古代的菩萨圣人来举例，菩萨有慈悲心肠，圣人都渴望救世，苦难的事情由他们去承受，他们却从不抱怨，也从不回避艰苦。

求道要受得了寂寞清贫

一个修道者在修道的过程中难免会遇到各种困难险阻，面对花花世界的诱惑，我们要保持内心的宁静，坚持自己的操守，敢于忍受寂寞和清贫，来实现自己的道。孟子说过："故天将降大任于斯人也，必先苦其心志，劳其筋骨，饿其体肤，空乏其身，行拂乱其所为，所以动心忍性，曾益其所不能。"

范仲淹出生于贫苦人家，两岁丧父，母亲由于无法维持生活，不得不带着他改嫁别处。

范仲淹童年读书就非常专心。十多岁时，他住在长山醴泉寺的僧房里，昼夜苦读。每天煮一锅稀粥，等它凝成冻子以后，用刀划成四块，早晚各取两块做主食。副食更简单，切几根咸菜就行了。后世传为佳话的“断齑划粥”的故事，就是从这里来的。

范仲淹有个同学，是南都留守的儿子。他看见范仲淹每天只吃点稀粥，却不以为苦，只顾埋头学习，觉得很稀奇，回去讲给他父亲听。他父亲就让他送些食物给范仲俺。

当南都留守的儿子奉了父命送来东西的时候，范仲淹再三推辞才勉强收下。可是，过了几天，留守的儿子发现他送的食物并没有被吃掉。他自然不高兴，问范仲淹道：“家父听说你生活清苦，特地让我送了些饭菜，而你却不肯下筷，莫非认为这样做，就污了你的品行吗？”

范仲淹解释说：“我并非不感激令尊的厚意，只是多年吃粥，已成习惯，如今骤然享受佳肴美馔，恐怕将来吃不得苦了。”

范仲淹做官以后，提出了许多对劳动人民有利的改革弊政的主张，还写下了“先天下之忧而忧，后天下之乐而乐”的名句。

在修道者眼中，一时的清贫困苦只是修道路上的一种考验，他们在乎的只是自己操守德行是否完美，自己的内心是否强大，他们对这些困难不会逃避，更不会去贪图享受。连孔子都说自己“不聪明”，他直面这些艰难困苦，来实现自己的道。南怀瑾先生又何尝不是如此呢？

修道贵在持之以恒

孔子说：“人皆曰‘予知’，择乎中庸，而不能期月守也。”这就是讲修道就困难，他说我们想把中庸境界保持一个月都做不到。孔子对他的第一学生颜回极为赞赏，颜回大概能坚持三个月都在仁的境界。孔子自己现身说法，用难以坚持中庸境界，来说明修道行道的困难之处。所以，他下面又赞叹他最喜欢的学生颜回。孔子说：“回之为人也，择乎中庸，得一善，则拳拳服膺而弗失之矣。”

欧洲文艺复兴时期的著名画家达·芬奇从小爱好绘画。父亲送他到当时意大利的名城佛罗伦萨，拜名画家佛罗基奥为师。老师要他从画蛋入手。他画了一个又一个，足足画了十多天。老师见他有些不耐烦了，便对他说："不要以为画蛋容易，要知道，从来没有两个鸡蛋是完全相同的；即使是同一个蛋，只要变换一下角度去看形状也就不同了，蛋的椭圆形轮廓就会有差异。所以，要在画纸上把它完美地表现出来，非得下番苦功不可。"从此，达·芬奇用心学习素描，经过长时期勤奋艰苦的艺术实践，终于创作出许多不朽的名画。

修道贵在持之以恒、贵在坚持，在这个过程中我们要戒骄戒躁，保持始终如一,三天打鱼两天晒网是追求不到道的。NBA 马刺球队的更衣室有一句名言："我无助沮丧的时候，看到了小石匠在不停地敲打石头，似乎敲打了上百次也没能在石头上留下任何裂痕，但就在他敲第一百零一下的时候，石头突然裂成了两半，我知道，不是那一下击碎了石头，而是前面的努力共同作用的结果……"这就是著名的小石匠精神。

依道而行，和而不流

人生最高境界：佛为心，道为骨，儒为表。

——南怀瑾

南怀瑾先生认为道是妙不可言的。《道德经》第七十一章谈道：“知不知，尚矣。不知知，病也。圣人不病，以其病病。夫唯病病，是以不病。”知道自己有所不知，这样的人很有智慧。不知道却自以为知道，这样的人很愚蠢。圣人通常都不愚蠢，知道自己的缺点并且能及时改正，正因为他很清楚自己的缺陷。南怀瑾先生对这句话也有新的认识，他认为，所谓圣人、拥有大智慧的人，都是依道而行，和而不流的人。

依从君子之道，严格要求自我

《中庸》中记载：“道也者，不可须臾离也，可离非道也。是故君子戒慎乎其所不睹，恐惧乎其所不闻。莫见乎隐，莫显乎微，故君子慎其独也。”真正的道，是不能够分离开来的，而能够分离开来的，就不是道。所以，真正的君子，不论在何时何地，是否有人听见，是否有人看见，都要做到注意自己的言行。

《说苑·君道》中记载：一天，齐景公宴请群臣，其中有一项是射箭取乐，景公每次射出一支箭，钟大晨都会高声喝彩，无论是否射中靶心，大臣都是这样。看到这样的情景，景公很不高兴，丢下弓箭便回去了。有一个叫弦章的大臣跟在景公身后，景公很生气地说：“自从我失去宰相晏子后，已有十多年的时间没有人指出我的过失了。明明我没射中，大家竟然还一起鼓掌喝彩。”弦章说：“这件事情不能全怪那些臣子，古人有话说：‘上行而后下效’，国君喜欢吃什么，群臣也就喜欢吃什么；国君喜欢穿什么，群臣也就喜欢穿什么；国君喜欢人家奉承，自然，群臣也就常向大王奉承了。”景公听后若有所思，之后便很高兴地说道：“说得好，今天的对话，你是‘国君’之言，我只能如臣子般采纳了。”于是，景公下令奖励弦章很多珍贵的东西。弦章马上摇了摇头，拒绝说：“那些人之所以奉承大王您，就是为了大王您的赏赐，现在如果我接受了这些赏赐，那我岂不也是那样的人了吗？还请大王您快快将这些东西收回去吧。”景公听后很是高兴：“好，好，我要向你学习，以身作则，时刻注意自己的言行，为大家做个好榜样。”弦章听后也很欣慰。

从齐景公的例子便可看出，一个领导者对大臣的影响是多么大。每个人都应当依从君子之道，以君子的标准严格要求自己，时刻注意自己的言行，从情感、信念、道德认识、个人习惯等多个方面，时刻进行自我检讨、自我反省。就像南怀瑾先生所说的，“君子也，慎独、自省、无二过”，以这个标准要求自己，做一个真君子。

依从中庸之道，避免物极必反

南怀瑾先生认为，做事应当依从中庸之道，不偏不倚，欲速则不达，物极则必反。不守住自己的位置，而想去抢占别人的地位，这样是一种不明智的做法。因而，做人做事，都不要过了头。

古往今来各个朝代，都有许多因为不在其位却妄图谋其政而造成物极必反的例子。武则天是唐高宗的皇后，她在高宗死后临朝听政，不久，她废了中宗，改立国号为周，自称则天皇帝。当她临朝听政的时候，太子中宗已经长大了，可以处理国家大事了，但是武则天还是不肯放手。当时许多大臣都很不满，纷纷上书劝阻。其中有一位叫作苏安恒的大臣，也上了一本奏疏，劝谏武则天。奏疏上说：“太子现在的年纪已经很大，才德也不错，你却还贪恋着皇帝的宝座，而忘了母子情分，时间已不能让你拖延下去，我认为上天和百姓们，都是倾向李家的，你现在虽然还平安地坐在皇位上，但总要知道物极必反、器满则倾的道理吧！”但武则天并不听劝，结果遭致几次谋反事件，臣民对她也多有不满。晚年的时候，她终于明白物极必反的道理。她用强硬手段废黜李氏子孙，自立为皇帝，这件事本来已经偏离中庸之道，而她在夺权过程中诛杀政敌，甚至连亲人都不放过，做事更是过了头，必然招致怨怒。最后，武则天认识到这一点，将皇位和政权又重新交还李氏后人。

南怀瑾先生所谈的物极必反的道理，告诫大家如果一个人想谨慎安稳度日，就要警惕事情不要走极端，凡事不要做过了头，只有依从中庸之道，才不会造成不可逆转的悲剧。无论做什么事，都该遵循适可而止的道理，凡事有度，过犹不及，在其位谋其政，不要把事情做得过头了，也不要做和自己身份不符合的事情，否则当事情超出控制之后，你就只能自食恶果了。

大德者必受道

一个人达到中庸的，内养的，内学的境界，必须要智仁勇兼备。

——南怀瑾

孔子说："君子中庸，小人反中庸。君子之中庸也，君子而时中；小人之中庸也，小人而无忌惮也。"这说的是君子依存中庸之道，而小人反中庸之道。"君子之中庸也"说的是真正一个明道、见道、悟道、修道的人，随时随地都在道中行；"小人之中庸"是指，小人无所忌惮，没有一种正的心理，没有严肃自己的心理。南怀瑾先生认为这等同于禅宗的达摩祖师讲的"一念回机，便同本得"。就是说君子随时念念回机，小人就是念念放肆。

大德者必受道

子曰："中庸其至矣乎！民鲜能久矣！"这是孔子当时对中庸的感叹，说的是中庸里所讲述的思想大概是最高的德行了，大家缺乏这种德行已经很久了。懂得明心见性、修心养性这个道理的人很少了。中庸是一个非常高的道德修养的境界，一般人很难达到，但也是可及的。

一日，元代大学者许衡外出，因为天气炎热，口渴难耐，正好路边有一棵梨树，行人纷纷去摘梨解渴，只有许衡一个人不为所动。有人问他："为什么你不摘梨呢？"许衡说："不是自己的梨，怎么可以随便乱摘呢？"那人就笑他迂腐："世道这么乱，管它是谁的梨。"许衡说："梨虽无主，我心有主。"

孔子还说过："素隐行怪，后世有述焉，吾弗为之矣。君子遵道而行，半途而废，吾弗能已矣。君子依乎中庸，遁世不见知而不悔，唯圣者能之。”说的就是大德者必受道。

在修道过程中，我们随时随地都会面临选择，做人不要人云亦云、随波逐流，跟随世俗的意见，需要我们有自己的主见，坚持自己的道，这样我们才能在修道的路上走得更远。

大德者必受命

《中庸》有言:“故大德必得其位，必得其禄，必得其名，必得其寿……《诗》曰:‘嘉乐君子，宪宪令德。宜民宜人，受禄于天。保佑命之，自天申之。’故大德者必受命。”这是孔子拿舜来举例子说明大德者必受命，有大德的人，一定会得到他所应该享有的地位，必然会得到他应有的俸禄，必然会得到他应有的寿命。上天养育万物，一定要按照它的材质来对待它。所以，能成材的可以尽心去培养它，不能成材的应该摧毁它。

刘备少年穷苦，以卖草靴为生，与公孙瓒拜卢植为师求学，而后参与镇压黄巾起义，与关羽、张飞先后救援过北海孔融、徐州陶谦等。陶谦病亡后将徐州让与刘备。刘备后于赤壁之战与孙权联盟击败曹操，趁势夺取荆州，而后进取益州，建立蜀汉政权。陈寿评刘备机权干略不及曹操，但其弘毅宽厚，知人待士，百折不挠，终成帝业。刘备自己也曾说过，自己做事“每与操反，事乃成尔”。

一个大德者，当他的修行达到了一定的层次，他就会散发自己的人格魅力和道德光辉，这些都有助于他取得成功。例如孔子早期周游列国，政治主张不得采纳，但后来成为大圣人，影响中华几千年文明，南怀瑾先生早期穷困潦倒，后来成为一代国学大师。他们都是极好的例子，值得我们学习。

第二章

南怀瑾谈为人处世

庸德之行，庸言之谨

“中”，就是本体，就是解决问题的方法；“庸”，就是实用，也就是实际的行为。儒家思想所说的中庸，就是用于中、行于中的仁善之道。而道家中庸也认为：“庸就能用，用就能通，通就能得。”因此，中庸是一种权衡力量，使自己不被自己的行为牵绊。掌握中庸的方法，运用得当，都能让人在社会交往中少遇坎坷，少走弯路，这正是为人处世的中庸之道。

忠恕之道，推己及人

做人最明智的态度就是宽容、饶恕、与人为善。

——南怀瑾

南怀瑾先生说过："在历史上，有不少刻薄寡恩的政治领导人，都不得善终。所以古代的人，如尧、舜、禹、汤、文王、武王、周公、孔子及齐桓公、晋文公这些人，他们在思想上、功业上，之所以能够使他人望尘莫及，并没有什么其他特别的本领，他们不过是擅长推广他们的仁心，也就是孔子所说的那种推己及人的恕道。譬如你想吃好的、穿好的，也让别人吃好的、穿好的。从心理建设，形成恕道开始，行仁政就是这样去做的。"善待别人就是善待自己，古人推行此道，在当今社会生活中，我们更应该将此继续发扬光大。

推己及人的恕道

《孟子·梁惠王上》有言："老吾老，以及人之老；幼吾幼，以及人之幼。"这句话相信大家都不陌生，它的意思就是说，在奉养孝敬自己家的老人的时候，也要想到那些与自己并无血缘关系的老人；在抚养教育自己的小孩时，也要想到那些其他与自己没有血缘关系的小孩。南怀瑾先生经常用这一句话勉励自己，也教育他人。他认为，这不仅是推己及人的恕道的一种表现，也是自己修身养性的一个重要部分。在南怀瑾先生心中，恕道对于一个人来说非常重要。

春秋时期，在一个冬天接连下了三天的大雪，齐景公有一次穿着厚厚的貂皮外套，坐在厅堂里欣赏雪景，心中觉得非常精致新奇，内心想着，就这样，再多下几天，肯定会更加漂亮。就在这时，晏子进宫奏事，一边看着齐景公欣然赏雪的情景，一边又看着那些翩翩下落的雪花。晏子若有所思。这时，齐景公开口说道：“一连下了三天的大雪，可是一点也不冷呢，很像是春暖时节，还能欣赏到这么美的雪景，真好啊！”晏子看着齐景公裹着又厚又紧的皮袍，又在室内烤着火炉，就意有所指地追问道：“您真的感觉不冷吗？”齐景公点点头说：“爱卿为何这样问，你不感觉很暖和吗？”晏子轻摇了一下头，知道齐景公并没有理解他话语中的意思，说道：“我听闻古代的贤君，他们总是自己吃饱饭之后，还要想一下黎民百姓是否也和他一样吃饱饭了，自己穿暖之后，也会去想一下其他人是否也一样穿暖；自己安逸之后，他还会因为还有其他人在劳累而惴惴不安。大王，您也是这样吗？”齐景公听过之后，立刻明白了晏子话中的意思。他很是羞愧，一句话也回答不上来。他知道晏子是在说他不为他人着想，是在说他没有推己及人的恕道。

恕道不仅仅是衡量一个君王是否有仁爱之心的准则，更是一个国家是否长久的一个重要因素。只有拥有一个推己及人的恕道之心，能时刻想着百姓安危的君王才能受人爱戴，才能受人支持，这样的国家才能让百姓拥护。

南怀瑾先生认为，恕道之心不仅在古代有着极其重大的意义，现如今，它的重要性也不容忽视。人与人之间，相互体谅，遇事换位思考，推己及人，仁爱待人，就可能得出不同的结果，改变已有的不正确的做法，这样就会多一份理解，少一份对立。

学会原谅，将心比心

“人非圣贤，孰能无过？”我们都是平凡人，我们每个人都可能因为各种各样的原因而犯错误。这个时候，如果我们一直紧紧抓住别人的错误不放，总是一直盯住别人的错误所在，而不是原谅，不是将心比心，那么，未免就显得我们自己太过于苛求别人了。南怀瑾先生认为，无论什么时候，学会原谅别人，宽恕别人，学会将心比心地对待他人，就能够避免很多矛盾，我们也才能更好、更幸福地生活。

三国时期，蜀国有一个叫杨戏的官员，他平时总是沉默寡言，不管对谁，他都一样，话很少。有一次，丞相蒋琬与他交谈，杨戏还是一如既往，偶尔说出几个字，有时甚至连几个字都不说。有人向蒋琬说道："你看杨戏，那么傲慢，一点也不尊敬您，您和他说话，他都爱搭不理的。"蒋琬听后，并没有记在心上，只是说道："我并不觉得他这是不尊重我，相反，我觉得他非常真实、非常爽快。每个人都有自己的处事方式，杨戏一直以来性格就是这样，他并不是故意针对我，他从不无故赞美别人，也很少与人交往。他的书信、指令，很少有写满一张纸的时候，这也是众所周知的事情。他什么时候都是将最真实的一面展现出来，他不会违心地阿谀奉承，也不会无理由地对人妄作评论，所以有时候他的沉默，就是最真实的自己。我理解这样的人，也非常愿意与这样的人交往。"

后来，又有一次，督农杨敏曾经恶意诋毁蒋琬，对别人说："蒋琬做事总是糊里糊涂，还不如其他人。"之后，司法官将此话告诉了蒋琬，并说："仅凭此事，就可以治杨敏的罪，您要怎么处置他？"蒋琬笑着回答道："杨敏并没有做错事，他说的全是对的，我本来就有做事糊里糊涂的毛病，很多事情处理方式都不得当，所以他批判得很对，并不需要处罚他。"就这样，蒋琬并没有处罚杨敏一丝一毫。就连在之后杨敏犯了其他罪入狱，蒋琬也没有因为杨敏曾经诋毁过自己，而给他加罪，只是依法办理而已。从这里就可以看出，丞相蒋琬总是用一颗宽恕之心理解他人，为他人着想。他之所以被人称道，除了他极高的才能，还有一部分原因就是他有着一颗宽恕他人的仁爱之心。

南怀瑾先生认为，原谅别人的过错、将心比心地宽恕别人，这是一种高尚的情操，无论任何时候，我们都要做到这样。可是，生活中，我们大多数人都习惯于把自己的注意力集中在别人的过错上，一味地苛求别人，而对自己却总是给予极大地宽恕。这恰恰与忠恕之道完全相反。在南怀瑾先生看来，我们必须学会宽容，学会原谅，多给别人一次机会，也是多给自己一次机会，这对双方的益处都是非常大的。

有所不足，不敢不勉

人生做人做事很难，地位越高，越有财富，越要谦虚，越要表示比人低下。

——南怀瑾

南怀瑾先生认为，心怀自知，拥有谦卑，是我们求学、为人的最为基本的原则。他在演讲中多次称自己“一无长处，一无所是”，还总说，每当自己被很多人称为“老师”“大师”“一代宗师”的时候，都会有种愧不敢当的感觉，觉得自己距离这些词太过遥远。可见，南怀瑾先生内心是多么谦卑，他的谦卑同样也值得我们每个人学习。

认清自己，莫使自己迷失方向

南怀瑾先生认为，人要学会寻找自己的立足点，无论任何时刻，认清自己，这样才不至于使自己迷失方向，才不会使自己因为小小的成绩就沾沾自喜，不思进取。认清自己，才能征服自己，才不会盛气凌人，永远保持一颗真诚谦虚的内心。

相信大家都听说过诸葛亮挥泪斩马谡的故事。228 年，诸葛亮第一次北伐曹魏。这期间，他给予马谡极大的信任，任命他为作战先锋，镇守战略要地街亭。诸葛亮临走之前，再三叮嘱马谡：“街亭的战略地位至关重要，它关系到蜀汉北伐与曹魏捍卫中原之成败。如有所失，我军必败无疑。”并且还告诉马谡：“一定靠山近水安营扎寨，小心谨慎，不得有误。”

马谡到达街亭后，完全把诸葛亮的叮嘱抛之脑后，置之不理，妄自骄傲自大，狂妄不已。他自作主张，按照自己的想法将大部队安排在远离水源的街亭山上，副将王平反对马谡的做法，劝其听从诸葛亮临行前的叮嘱，马谡非但不听，反而狂傲地说到：“我马谡精通兵法，所有人都知道，就连丞相有时候都会请教我，而你区区副将，又不懂兵法，有什么脸面出来阻止我。在我看来，将大军安排在山上，居高临下，势如破竹，一定能够置之死地而后生的，只有这样，我们才能胜利。”王平多次劝阻，马谡都不听，依旧固执己见，将大军布置在了山上。

等到魏军达到街亭，侦察到马谡竟然将大军安排在了山上，内心大喜，立即切断水源，断掉粮道，将马谡及其大军困在了山上，然后放火烧山。就这样，马谡率领的蜀国大军不堪饥渴，军心大乱。魏军乘势进攻，获得全胜。马谡失守街亭，战局骤变，诸葛亮最终因为军纪，将马谡斩首示众。

马谡之所以落得这样的下场，就是因为他的骄傲自大，自信心膨胀，完全迷失了方向。南怀瑾先生也以此告诫世人：认不清自己的人，通常就会盲目自大、骄傲轻狂、固执己见，就像马谡这样，失掉街亭，丢失性命。而如果我们能时刻保持一颗谦逊的心，认清自己的长处与短处，这样就能把握住时机和机遇，就能创造属于自己的辉煌。

满招损，谦受益

在孔子的一生当中，他所追求的两个重要的人生境界就是圣与仁。在他的内心中，自己还远远未达到这一境界，他一直在努力接近这一目标。他曾说过：“若圣与仁，则吾岂敢？抑为之不厌，诲人不倦，则可谓云尔已矣。”这句话的意思是说，如果说到圣与仁，那我哪里敢当！但是我朝着圣和仁的方向在不断努力，一直不满足，教诲别人也从不感觉疲倦，仅仅做到如此罢了。不难看出，孔夫子内心的谦逊。南怀瑾先生也常常提到这句话，以此勉励自己，勉励大家。做个谦逊之人，可以使人在求学、为人处世上，得到意想不到的好处。

有一次孔子与弟子东游，车马行至一段路程之后，路的中央有几个一同玩耍的孩子，其中，有一个孩子看见车马过来，依旧站在路中间。子路下车严厉地对孩子说道："小孩子站在路中间玩耍是不对的，看见车马过来也不躲避，万一撞到你可怎么办？"只听见小孩说道："这里是城池，车马一概不能通过。"孔子见状，和蔼地问孩子："请问城池在哪里呢？"孩子回道："就在脚下。"孔子低头看地上，果然看见孩子就站在用石子、瓦片摆成的"城"中间。孩子问道："是该城让车马，还是车马让城？"孔子笑道："好个机灵聪明的孩子，请问你叫什么名字？几岁了？"孩子不卑不亢地反问道："请问您叫什么？"孔子道："鲁国孔丘。现在能告诉我你的名字吗？"孩子回道："我叫项橐。今年七岁。"孩子并没有因为孔丘的大名而给面子，反而说道："不管是谁，都必须回答出问题，我才能给你开城门。"孩子问道："天地人为三才，您可知道天有多少星辰，地有多少五谷，人有几根眉毛？"孔子摇摇头："我还真不知道。"孩子回答道："天有一夜星辰，地有一茬五谷，人有黑白两根眉毛。"孩子又问："我再问您，请问什么水没鱼，什么火没烟，什么树没叶，什么花没枝？"孔子依旧摇了摇头。孩子非常得意："井水没鱼，萤火没烟，枯树没叶，雪花没枝。"孩子又问："什么山上没有石头，什么车子没轮子，什么牛无犊，什么马无驹，什么男人没妻子，什么女人没丈夫？"孔子看着眼前聪明伶俐的孩子说道："我还是不知道，你快告诉我吧。"孩子道："土山无石，轿车无轮，泥牛无犊，木马无驹，神仙无妻，仙女无夫。"听完之后，孔子说道："就按你的要求，我没回答出问题，我绕城而走。"说完，孔子恭敬地向眼前的孩子行礼，然后绕城而行。

孔子向小孩问道，耐心的、虚心地听孩子讲话源自于他内心的谦卑。孔夫子值得我们学习，值得我们称赞，值得我们尊敬。他的谦卑使他的人格魅力更加光芒夺目。也正因为他每时每刻都保持着对他人的尊重，一直将自己放在较低的位子，他才能越走越高，最终被我们称为"孔圣人"。

南怀瑾先生一生谦卑，他一直不断学习，不断进步。他也深知谦卑的重要性，深知谦卑的益处，所以他一直向学生强调"满招损，谦受益"，他希望我们都能学会谦卑，抛却自满，这样才不至于在人生的道路上摔得鼻青脸肿。

留下退路，有余不敢尽

人不能有“察察之明”，太过精明，眼里一点都不揉沙子，不会装糊涂，这就是居上不宽，“金无足赤，人无完人”，若是你不能忍受别人有一丁点的缺点，那做你朋友的人日子就不会好过了。

——南怀瑾

《孟子》“寡人之于国也”中讲道：“不违农时，谷不可胜食也，数罟不入洿池，鱼鳖不可胜食也，斧斤以时入山林，林木不可胜用也。”这句话的意思是，不违背农时的规律，粮食才不会缺乏；不用细密的渔网在池塘里捕捞小鱼，这样才会有更多的鱼；按一定的季节入山砍伐树木，木材就会用不尽。这段话告诉我们，不要向大自然无节制地索取，只有这样，我们才能可持续地发展下去。这与南怀瑾先生常常告诉我们的“留下退路，有余不敢尽”思想不谋而合。

给他人留下宽容，给自己留下退路

《吕氏春秋》中有这样一句话：“处官大者，不欲小察。”意思是说，官位越大，越不会计较小事情。人的境界越高，越宽容他人，朋友也就越多，自己的人生之路也就越广阔。南怀瑾先生将儒家哲学中的仁作为自己的一个修行方式，用宽容济世，用宽容去善待世人。他也常常劝诫大家，当你想要发脾气的时候，试着让自己冷静，试着让自己宽容，那个时候，你会发现，发脾气并不是解决问题的最好方式，只有宽容，才是正道。

战国时期，在梁国与楚国的交界处，经常因为一些小事情而发动战争，两边的百姓饱受战争之苦。两个国家都在边界的地方设置了地界，把守边界的士兵都在各自的区域种上了西瓜。楚国的士兵相对来说更勤快一些，经常给瓜地除草施肥，浇水灌溉，因而楚国边界的西瓜长势非常好。相对来说，梁国的士兵比较懒，从来也不打理那块西瓜地，长势就非常不好。因为两个国家的西瓜都在边界处，因而西瓜好坏对比非常明显，梁国的士兵觉得脸上挂不住，就趁楚国士兵不在的一个夜晚，偷偷地将楚国的西瓜秧扯断了很多。

等到第二天，楚国的士兵一看，就猜测是梁国的人干的，于是他们去报告新上任的县令宋就，希望请求派兵去和梁国对峙，宋就听后，笑了笑对士兵说："梁国人将我们的瓜秧扯断了，我们这么生气，觉得这是小人行径，现在，我们也这样做，不是也成了小人吗？你们听我的话，从今天开始，你们每天晚上偷偷去给他们的西瓜地浇水，慢慢地，他们的瓜地长好了，他们也就不会再破坏我们的了。"士兵听后觉得晚上给梁国的瓜地浇浇水也不是什么大事，于是，就按照宋就的话去做了。果然，不久之后，梁国发现自己的瓜秧也变得好了。经过观察，他们发现原来是因为每天晚上楚国人都会给他们的瓜地浇水。梁国的县令知道之后，羞愧不已，同时又非常敬佩楚国的这种以德报怨的行为，便报告给了梁王。梁王了解之后，觉得楚国人待人宽容、为人真诚，于是，郑重地准备了一份大礼送给楚王，以表示答谢。最终，这两个一直敌对的国家不仅成了友邻，边境地区也再也没有爆发战争，两国的人民从此过上了幸福、安定的生活，这全都得益于宋就和楚国士兵的宽容之心。他们用宽容将敌国变成了友邻，他们都用宽容为百姓找回安定的生活。

南怀瑾先生认为，用宽容作为为人处世之道，表现出来的不是软弱，而是自身的一种修养，是自己人格魅力的体现。给他人留下宽容，就是给自己留下退路。鲁迅先生说过，"渡尽劫难兄弟在，相逢一笑泯千仇。"相逢一笑的大度宽容是消除仇怨的良方。

话说三分留七分

南怀瑾先生曾在一次演讲中讲到过一句俗语:“人情留一线，日后好见面。”他告诉大家，生活中很多尴尬都是自己造成的。就像说话，你将话说得太绝，不给人留一点点余地，固执己见地将对方逼入绝境，这就像种下一颗仇恨的种子，迟早会害到自己。

大家都知道邹忌讽齐王纳谏的故事。这个故事主要是讲邹忌通过三件事情的对比，最终得知别人夸奖自己比城北徐公更美，是出于各自不同的立场、不同的目的，而不是自己真的就比徐公美。于是，他想到，齐王肯定跟他处于相同的环境之下，他便进谏齐王，说道:“我知道自己不如城北徐公美，可是，我的妻子偏爱我，我的妾害怕我，我的客人有求于我，所以他们都夸赞我比徐公更美。现在大王您的齐国，土地方圆千里，城池一百多座，后宫的妻妾，他们都偏爱你，朝廷大臣，他们都害怕您，齐国的百姓，他们全都有求于你。所以，这样看来，大王您也受到很大的蒙蔽呀！”邹忌把话说到这里就没再接着说，而是等着齐王自己想明白。他也深知，作为大臣，自己说话要有分寸，不能太过，不能爬到齐王头上。很快，齐王听明白了邹忌的话，立刻下令，广纳贤言，并且对进谏者给予不同程度的奖励。一时之间，很多人都纷纷来进谏，齐王也都虚心接受。于是，齐国越来越开明，国家也越来越强大。邹忌是个说话掌握分寸的人，他知道有些话点到即可，他知道给对方留面子，给自己留后路。假如他将话说得高人一等，好像凌驾于齐王之上，那么，即使齐王知道邹忌是为自己好，他也很可能不会高兴地接受邹忌的意见，反而很有可能惩罚他。

南怀瑾先生常常用古人的话教导我们:“逢人只说三句话，未可全抛一片心。”他的意思很明白，他就是希望我们不要把话说得太满，最好是说三分，将剩下的七分留在内心，灵活地掌握说话的尺度，这是一种为人处世的智慧和说话的技巧，这也是给自己留退路，更是能为自己赢得他人信赖的途径。

言顾行，行顾言

所谓枢机，即机关的中心，言行是君子之枢机。

——南怀瑾

关于言谈，孔子大有见地。他曾说过，“讷于言，慎于行。”因为君子的一言一行都可能惊动天地，言行如此重要，岂有不谨慎之理？关于言谈，南怀瑾先生也主张秉持中庸之道，正如他所阐释的，“出其言善，则千里之外应之；出其言不善，则千里之外违之。”无论是我们这样平平凡凡的人，还是身为领导的人，哪怕是部队里的班长或是带领工人的领班，都要尤其注意自己的一言一行，要说到做到，能做到再说。因为一句话、一件事出乎于自己，但影响的却是对方，而且这种影响是深远的。

说话不可锋芒太露

一个有才有德的人，必然会被那些热衷于名利的人所怀疑；一个言行谨慎的真君子，必然会蒙受悭吝小人的嫉妒。南怀瑾先生教导世人，要“言顾行，行顾言”，并非让大家采取装聋作哑的消极态度，这也不符合现代社会的交际需求。日常交际中无论如何不可失言，就如南先生所说：“与人交往时，我们有时无话可说，但又不得不说话。比如，你去拜访别人，十几分钟，光是大眼瞪着小眼当然不行，必须要想出话题来；要说话，但也不是开口胡说，毕竟这些话你要先谨慎考虑，不能说出不得体的话来。”

南怀瑾先生教导人们要秉持中庸之道，言谈举止要深思熟虑，并非让人们采取消极避世的态度，而是以更加圆融妥当的方式来达到自己的目的，实现自己的价值。

不可在他人面前失态

谈起“言顾行，行顾言”这一话题时，南怀瑾先生引用了《菜根谭》中很有意思的一段话：“路径窄处，留一步与人行；滋味浓的，减三分让人食。此乃涉世一极乐之法。”这简简单单的几句话，南怀瑾先生既教会了我们立身处世的从容姿态，也教导了我们安身立命最快乐而安全的诀窍。

廉颇和蔺相如都是战国时的名臣，廉颇是赵国最优秀的将领，而蔺相如完璧归赵，还在渑池会上立了大功，成了赵王眼中的红人，并被册封为上卿。一时之间，蔺相如风光无限，他的官职甚至超过了廉颇。

对此，廉颇很不服气，他说：“我身为大将军，赫赫战功都是靠拼死杀敌得来的，你看那蔺相如，不过是靠着口舌之功，竟然位居我上，更何况他出身卑贱，我不甘心屈居于他之下，这让我感到很可耻。”他还扬言说：“我见到了蔺相如，一定要侮辱他。”

有一天，蔺相如坐车出去，只见廉颇远远骑着一匹高头大马，一摇一摆地过来了，他赶紧叫车夫掉头，往回走。蔺相如的侍从看不过去了，纷纷议论蔺相如怕廉颇。蔺相如听到后，对他们说：“廉颇将军厉害，还是秦王厉害？”一众侍从想也没想，答道：“当然是秦王厉害。”蔺相如说：“秦王我都不怕，我还会怕廉颇将军吗？大家都知道，秦国之所以不敢贸然进攻我们赵国，就是因为赵国武有廉颇，文有蔺相如，如果我们二人闹不和，赵国的实力就会削弱，秦国就会有机可趁。我之所以避让着廉颇将军，是为了赵国的江山社稷。”作为一位以江山社稷为重的名臣，面对与自己叫板的廉颇，蔺相如不仅要考虑一举一动不可失态，更要考虑一旦失态就可能失国，所以他最终冷静地选择了避让。后来，蔺相如的侍从将他的原话转述给了廉颇。听了这番话，廉颇羞愧难当，马上脱掉衣裳，赤膊背着荆条，在门客的陪同下前往蔺相如的府上请罪。

他说道:“我是一个粗鄙浅陋之人，怎料你宽容我、忍让我竟到了如此地步。”自此以后，赵国呈现出一派将相和睦的大好局面。

可见，安身立命于世，一个人的言行举止是最重要不过的。南怀瑾先生一生崇尚中庸之道，这种执中而行的处事原则并非让我们消极避世，而是要谨言慎行，说任何话、做任何事情之前，都要先考虑周全，以更加圆融的方式来处理人际关系。

上不怨天，下不尤人

怨天尤人，是最没用的举措。

——南怀瑾

《论语·宪问》中有“不怨天，不尤人，下学而上达”。南怀瑾先生也曾引用过这句话，他告诉我们，人生存在的缺憾、挫折，都和天、和地、和别人没有任何的关系，你不怨天尤人，努力做好自己的事，自会有意想不到的收获。就像孔老夫子一样，不怨天、不尤人，努力学习一些平常的知识，因而透彻了解了很多的道理。南怀瑾先生还告诉我们，历来能够面对命运不公，而不怨天尤人的人，大多数之后都是有福之人。而那些面对一点点的挫折就抱怨不断的人，偏偏会有意外的灾祸。因为有怨恨的人，他们一心都在抱怨，都在心怀仇恨，根本不会为自己找到前进的道路。

感谢忧患，警惕安乐

南怀瑾先生曾经在一次演讲中说道：“你们只晓得开放发展，拼命搞建筑发财，每人都活得很高兴。但是注意孟子有句话：‘生于忧患，死于安乐。’这就是中国文化。孟子说，国家、个人、社会只有不断克服困难，才能不断地兴盛健康起来；如果大家放松了，只向钱看，只谈享受，那么结果就可怕了。”南怀瑾先生的这段话，不仅告诉我们，“生于忧患，死于安乐”的道理，更是在告诉我们，面对忧患、困难、险阻不要一味地怨天尤人，因为忧患、挫折往往能够使我们更加奋进，而安乐虽然很好，但它很有可能是将我们推向深渊的魔爪。

据《论语》记载：孔子曾在鲁国当司寇，但是很快他就离开了那里，究其原因，就是其他国家看到孔子成了鲁国的重臣，都非常担忧，当时，齐国一心想要攻打鲁国，面对此情形，齐国向鲁国送去了很多漂亮的歌姬。孔子坚决反对鲁定公接受这些歌姬，他害怕鲁定公因此沉迷歌姬。但当权的季桓子却不管不顾，接受了齐国送来的那些歌姬。孔子看到这种情形，预知到鲁国将要完了，所以，他便毅然决然地离开了。果然不出所料，很快，因为鲁定公沉迷于此，不管国家大事，很快就被其他国家灭了，到这时候他后悔也没有用了。

死于安乐的还有另外一个故事：春秋时，卫国的第十四代君主卫懿公，非常喜欢鹤，整天与鹤待在一起，沉溺在鹤的世界中无法自拔，完全没有进取之心，朝政、民情对他来说，更是连鹤的十分之一都不及，完全无心管理。他甚至还让鹤乘坐比国家大臣还高级豪华的车子，他在养鹤的过程中，不惜每年耗费大量国家资产，横征暴敛，大臣百姓哀声载道。公元前 659 年，北狄部落入侵，卫懿公派兵前去迎战，但是，士兵却并不听从，反而愤怒地质问："大王您的鹤那么高级，您就派您的鹤为您作战吧。"大王无奈，只好自己亲自作战，但是，这样的国家，早已军心不齐，君王也是昏庸无道，最终结果就是卫懿公战败而死。

有人作诗云："曾闻古训戒禽荒，一鹤谁知便丧邦。荥泽当时遍磷火，可能骑鹤返仙乡？"正如南怀瑾先生所说的，安逸舒适的环境会逐渐将人的意志力摧毁，会让人慢慢地变得沉溺于享乐，不思进取，坐以待毙。就好像温水煮青蛙，当把一只青蛙一下子扔进滚烫的沸水中，它能够条件反射地为了逃生一跃而出，逃离险境。但若是将青蛙放进温水中，然后逐渐加热，它的危险防范意识就会逐渐沦丧，等意识到已经危及生命的时候，青蛙想要跳出这个危险的环境已经是心有余而力不足了，最终它的生命也就丧生在这个本以为温暖舒适的环境之中。对人来说，也是相同的道理，所以听从南怀瑾先生的教诲，不要总是抱怨天、抱怨地，安乐未必好，忧患未必坏，更多时候，我们需要感谢忧患，警惕安乐。

自立自强，为自己寻找出路

“天行健，君子以自强不息。”意思是说，君子就应该像宇宙一样运行不息。对此，南怀瑾先生认为，我们做人也要效仿宇宙的精神，自立自强，不屈不挠。他认为，自立自强对任何人而言都是非常重要的，自立自强是一个人发展的前提，一个人只有自立自强了，才能克服所有的挫折不断向前。

古今中外，无数的仁人志士向我们证明了自立自强的重要性。世界著名的发明家爱迪生，从小就有很强的自立意识。很小的时候，他为了筹集资金，建造属于自己的一间实验室，到车站卖报纸，到集市上卖蔬菜。最终，他如愿以偿，靠自己的努力赚到了建造实验室的钱。也就是在这间实验室中，他创造出了无数改变人类发展进程的伟大发明。由此可见，自立自强对一个人的成功是多么重要。与此相反的是，一个人如果不能做到自立自强，遇到任事情都向他人寻求帮助，那么这个人很难成功。球王贝利曾说过：“我能成为球王，而我的儿子是不会成为球王的。”乍一听，可能觉得他说得太过绝对了，但细细想来，这句话也并不是没有道理的，贝利能成为球王，那是因为他从小就养成自立自强的习惯。但是，他的儿子与他不一样，因为父亲的辉煌、家庭的富足，使他在安逸舒适的环境中养成了一种依赖心理。贝利看到了儿子身上缺少了这种自立自强的精神，因此认为他的儿子在很大程度上成不了球王。

贝利能够清晰地认识到这一点，可是，在我们现实生活中，父母庇护、溺爱子女的现象却屡见不鲜。对此，南怀瑾先生是非常心痛的。他认为，家长们的含辛茹苦、尽心尽力，会使孩子养成了过度依赖的坏习惯，会使孩子们在离开父母之后无法生存。南怀瑾先生告诫我们，当代的少年是跨世纪的新一代，肩负着历史重任。家长们应该还自己子女一份自由，让他们学会自立自强，让他们自己承担属于自己的那一份责任。

无怨，正己而不求人

很多人喜欢算命，也常常将“命运的安排、命中注定、我的命不好”之类的词语挂在嘴边，遇事总是抱怨不断，殊不知，每个人的命运都是自己造成的。

——南怀瑾

有名言曰：“自助者，天助之。自弃者，天弃之。”意思是说，对于那些自己救助自己的人来说，老天就会帮助他，而对于那些自己放弃自己的人来说，天也会放弃他的。南怀瑾先生希望我们明白，任何时候，我们都要正视自己的力量，而不能一味地依靠他人。只有自己努力过了，才会取得想要的人生。

自救者，天救之

熟悉南怀瑾先生的人都知道，他自幼接受良好的家庭教育，学习诸子百家，遍访名家，并且在寺庙潜心阅读三年，之后更是不断地努力提升，最终成为一代国学大师。通过南怀瑾先生的一生，我们知道他的成就绝非偶然，他一直是一个靠努力、靠付出成就自己的一个智者。当代年轻人，我们也要向南怀瑾先生学习，要靠自己的不懈拼搏、不懈努力去收获自己的人生。

从前，有一个神父在一个村庄居住。一天，这个村庄发了很大的洪水，大水很快就将他的小屋淹没了，于是，他爬到了房顶上，站在房顶上祷告：“上帝呀，快来救我。”很快就有一艘小木船从远处向他划过来，船上的人向神父喊道：“神父，快快上来。”神父竟然大声回答：“你去救其他人吧，上帝会来救我的，我要等上帝来救我。”船上的人只好划船向其他地方走。这个时候，洪水已将没过了他的屋顶。神父又接着祷告：“上帝呀，快来救救我。”一辆摩托艇向神父快速开来：“神父，快上来，我带你到安全的地方。”神父摇摇头：“你快走吧，上帝会过来救我的。”摩托艇上的人也无奈地离开了。这时候，水已经没过神父的胸口。神父接着不停地向上帝祷告。这个时候，天上出现了一架直升机，直升机慢慢降落，直升机上的人对神父大喊：“神父呀，快上来，再不上来，就没命了。”神父依旧拒绝，他还在等待上帝来救他。最终，飞机也无奈地飞走了。水还在不停地上涨，最终神父就这样被淹死了。神父死之后，灵魂飞到了天上，看见上帝，就埋怨上帝：“上帝呀，我对你这么虔诚，你都不来救我，最终让我淹死在洪水之中。”上帝说：“我的孩子，当洪水刚刚淹没你的小屋子，我不就已经派去了小木船去救你吗？之后，我又让摩托艇去救你，可是你都拒绝了。眼见着情况危急，我又让直升机去救你，可是，你还是不上去，这不能怪我呀。你不能自救，就连我也没有办法呀。”

这个故事告诉我们，一个人要相信自己，正视自己，看到自己的力量，在自己有限的能力范围内，努力拼搏，可以不用求助于他人的。就像一个自己放弃治疗的病人，自己内心没有与病魔斗争的力量，即使是再好的医生、再好的医疗设备、再好的药品，都不能挽救他。

心定，则万物自得

南怀瑾先生说：“世界上各种宗教，所有修行的方法，都是求得心念宁静，所谓止住。佛法修持的方法虽多，总括起来只有一个法门，就是止与观，使一个人思想专一，止住在一点上。”心止就是心定，心定就是无怨。自处无怨，人才可以更好地去看待我们日常生活中的人和事，才可以参透世间的一切，才能够收获属于自己的幸福。

有一个男子，因为被自己的妻子背叛，饱受痛苦的折磨，总是陷入回忆中无法自拔，始终不能接受妻子背叛自己的事实。他怨，怨上天的不公平，为什么自己这么努力，上天却将这样痛苦的事情降临在自己身上；他恨，恨自己对妻子这么好，妻子却背叛了他。于是他总是将自己关在屋子里，不见任何人，在屋内摔东西，家人的各种劝说都不管用。久而久之，他的家人非常担心，上山请了一个老禅师，希望禅师可以帮助他。

老禅师听过他的故事之后，对他说："莲花之所以能出淤泥而不染，濯清涟而不妖，并不是因为莲花的洁净，而是因为欣赏莲花的人心净。你与你妻子的感情已经完全破裂，就像一面镜子，已经摔碎，再无愈合的可能。既然这样，你为何不能做一次赏莲者，将心放干净，让心静下来，只有这样，你才能走出这污浊的情感。"老禅师的话让男子恍然大悟，于是，男子慢慢地将心中的枷锁解开，渐渐地忘却了妻子和之前的那些痛苦，他的生活渐渐正常起来。几年之后，他遇到了一个心仪的女子，二人幸福地牵手走完了一生。

这位男子在遇到禅师之前，他被"心魔"困住了，所以，他不停地抱怨，被仇恨蒙蔽了双眼，他自己的生活也过得一团糟。其实，换种想法，让自己暴躁不已的心灵慢慢平静，去好好想清楚，世间万事万物都有定数，上帝是公平的，夺走了你一件东西，一定是因为对你还有其他的安排。万事万物，不如看透一些，看淡一些，坚持往下走，也许会有更好的未来。总之，就像南怀瑾先生教导我们的，带着一颗平静无怨的心前行，不因他人的过错而失去理智，不因事情糟糕而忧愁，只有这样，才能真正从纷繁复杂的世界中解脱出来。

恰到好处，就是中庸

内方外圆，人们都很难做到，即便做到了也要关注一个更重要的原则：不必深入，恰到好处。

——南怀瑾

先秦道家思想提出“曲则全”，此处的“曲”是减少阻力的一种方法，是一个很有现实意义的为人处世之道。庄子建议做人做事要讲究合适的度，这不仅是道家倡导的法则，也同样符合儒家思想的中庸适度之道。南怀瑾先生说过：“处事不要走直路，走弯路才能全，处理事情转个弯就能成功。就好像一个小孩玩火，直接责骂，强行禁止，小孩可能根本不会听，跑到其他地方继续玩，但是若是换个方法，给他一个好玩的玩具，他可能就不玩火了。这就是‘曲则全’的妙处。”南怀瑾先生认为，不管做任何事情，不管在任何情况下，把握好合适的度，不会过于直硬，也不过于软弱，使其恰到好处，也即把握好中庸原则，才是行事的最好方法。

学思结合

《论语·为政》中讲道：“学而不思则罔，思而不学则殆。”意思是说，只知道学习而忽略掉思考的重要性，就会变得迷惘；而只知道思考，却不知道学习，也会变得有害。南怀瑾先生对这句话也有独到的见解：“有些人有学问，可是没有智慧的思想，那么就是迂阔疏远，变成了不切实际的‘罔’，没有用处；

相反的，有些人‘思而不学’，他们有思想，有天赋，但没有经过学问的踏实锻炼，那也是非常危险的。许多人往往依仗天赋而胡作非为，自己误以为那便是创作，结果害人害己。”南怀瑾先生这些语重心长的话语，就是在向我们强调，学思结合的重要性。学是思的基础，思是学的补充，只有好好把握二者之间的关系，才能牢牢地掌握我们所学的知识。把握好二者之间合适的度，才能使我们更好的发展。

清代著名的思想家、文学家、哲学家戴震，是乾嘉学派的代表人物，也是乾隆年间《四库全书》的编修者。戴震小时候家境贫寒，但学习刻苦，幼年在私塾读书的时候，常常被老师称赞善思好问。有一次，老师给大家讲《大学章句》，戴震听着觉得很有问题。于是举手向老师问道：“这句话您凭什么认为是孔子讲述、曾子记录的呢？您又怎么知道，曾子的思想是学生记录的呢？”老师没想到会有人问到这个，很多年来，自己一直都是这样讲授，而学生也从来没有疑问，这实在是太出乎他的意料了，于是就拿出朱熹这一权威：“这是朱文公提出的观点。”戴震又问道：“朱文公是什么时候的人？”老师回答：“宋朝人。”戴震接着问：“孔子、曾子是什么时候的人？”老师不耐烦地说道：“周朝人。”戴震又说道：“周朝和宋朝相隔多少年呢？”老师道：“差不多两千年。”戴震道：“既然他们相差这么久远，朱文公又凭什么知道这些呢？”最终，老师被问得哑口无言，连连说道：“你真是一个特别的学生。”

戴震能成为这么有学问的学者，不仅仅是因为他的好学，还与他积极勇敢地提出自己思考过后的看法和见解，敢于怀疑权威息息相关。康德说过：“感性无知性则盲，知性无感性则空。”这句话，从根本上讲与南怀瑾先生提出的“学思结合”是一致的。由此可见，不管地域上、种族上有何差异，把握好中庸之道的原则却是一致的。

学会知足，才能常乐

我们总是讲知足常乐。那么，知足常乐到底指的是什么呢？南怀瑾先生做出解释：知足常乐就是一切行为适中、万事折衷，不能什么都不追求，也不能过分追求，凡事讲究个度。简单来说，就是一种知道满足的态度，知道满足的人更容易收获快乐，相反，永不知足的人在很多时候会因为贪得无厌而变得痛苦不堪。古人云："布衣桑饭，可乐终生。"在南怀瑾先生看来，这就是知足常乐的一种表现形式。

诸葛亮的"淡泊明志，宁静致远"是一种知足常乐，陶渊明悠然自在的"采菊东篱下，悠然见南山"是一种知足常乐，"老天待我至为厚矣"是沈复的知足常乐。南怀瑾先生认为，知足是一种处事态度，常乐是一种情怀。他将知足常乐当作一种人生智慧，并且希望我们每一个人都能够拥有这种智慧。

明朝时有一个叫胡九韶的人，他家境贫困，虽然他一边教书，一边务农耕作，但也仅仅解决了温饱问题。在别人看来，他的生活是非常拮据的，但是胡九韶却非常满足，他会在每天黄昏时到门口焚香拜天，感谢上天赐福给他。刚开始，很多人都嘲笑他，就连他的妻子也非常不解："我们每天只能穿粗布麻衣，吃稀饭，这哪里能算得上上天赐福给我们呀？"胡九韶回答说："第一，我们生活的环境是和平安定的，这就是天赐予我们的一种福；第二，我们每天都能有衣服穿，有饭吃，这也是一种福；除此之外，我们每个人都身体健康，能够劳动，这也是福。上天赐予我们这么多的福，你说，我们怎么能不感激？"

所有的快乐、幸福都是建立在自我知足的基础之上的。老子说："祸莫大于不知足，咎莫大于欲得。故知足之足，常足矣。"意思是说，祸患没有大过不知足的，过失没有大过贪得无厌的，所以说知道满足的人才能达到万事都足的状态，这样的人才是懂得快乐的人。南怀瑾先生提醒我们，知足并不是说让我们不思进取，而是让我们在自己能力控制的范围之内循序渐进，不要执着于太多不实际、不可能完成的事情，这种心态会使人陷入痛苦不堪的境地。

南怀瑾先生教导我们，做人应该学会知足，只有懂得知足，我们才能在想问题、做事情时顺其自然，也能时刻保持淡然平和的心境，并乐在其中。懂得知足的人往往更容易找到成功的道路，从而获得更大的成功。

素隐行怪，不要哗众取宠

真正的福报是清静无为。

——南怀瑾

子曰：“素隐行怪，后世有述焉，吾弗为之矣。”孔子的意思是，世间有人喜欢探索隐僻的事理，做奇异怪诞的事情，后世虽有所称述，我也不去做那样的事。在这一点上，南怀瑾先生与孔子的思想不谋而合，在南怀瑾先生看来，每天行为怪异，求索隐暗，做些不符合中庸之道的事情，那其实是一种哗众取宠，他是极为反对的。

在其位，谋其政

南怀瑾先生认为，做事应当中庸行事，不偏不倚，欲速则不达，物极则必反。做人做事，千万不要过了头。

古往今来各个朝代，都有很多因为不在其位却妄图谋其政而造成物极必反的例子。

南怀瑾先生告诫我们，如果想要安稳度日，就要在做任何事情的时候，警惕自己不要走上极端，不要做过了头，不要偏离中庸之道，只有这样，才不会产生巨大的变化。换句话说，在其位谋其政，不在其位不谋其政，遵循适可而止的道理，凡事有度，过犹不及，不要把事情做得过头了，也不要做和自己身份不符合的事情，否则当事情超出控制之后，后果便很难控制了。

少争论，少辩驳

语言作为一种沟通的桥梁，是人与人之间联系的纽带，我们通过语言来表达内心的想法。我们可以根据时间、场合、对象的不同，表达出复杂多样的信息和各种不同的思想感情。而有些人动不动就与人争论、辩驳，只要别人与自己的观点有所不同，他们就会不停地进行争辩，直到别人无话可说。也许，在他们看来，他们胜利了，然而，在他人眼中，这种咄咄逼人的争论是很滑稽可笑的。别人不再继续说话，并非是认同了他们的观点，更多的可能是不屑于继续与他们讲话。

南怀瑾先生认为，从说话言语中可以看出一个人的内涵和素质。一个说话有水平的人说出的话，常常在理，进退有余地，让人听后有一种身心愉悦的感觉，令人产生一种敬佩之情。职场上，每个人、每天都要和同事、领导以及各种各样的人交往相处，你会因为意见不合，而反复争论不休、咄咄逼人地与人争吵吗？只有傻子才会这样做，而真正智慧的人会运用谈话的技巧，巧妙地避过使双方陷入难堪的局面。

南怀瑾先生作为一个智者，从来不会和其他人吵得面红耳赤。“谁都会为尊严而自卫，说话不要妨碍对方的尊严。”每个人都有自己的立场、看法，我们不能因为其他人的想法与自己不同，就不分青红皂白地强迫别人信服我们自己的观点，这是在强人所难。换位思考，如果别人因为我们的观点与他们不一样，就不顾一切地与我们争论，想必我们自己也会非常厌烦。

古人非常崇尚一种大智若愚的人，这类人达到的境界，是一般人无法比拟的，他们从来不会乱讲话，不会像个疯子似的与人大吵大闹。只有那些喜欢哗众取宠、惺惺作态的人，才会自以为是，不知道天高地厚，不分场合、不分时机信口开河、大放厥词，这样的人只会让人唯恐避之而不及，也很容易招致祸患。

态于中，信于外

立身成事，一曰诚，二曰信。

——南怀瑾

诚信是先秦儒家提出的一个重要的伦理学和哲学概念，也是中国伦理思想上的一个重要范畴。从古至今，诚信占据着极其重要的地位。就个人而言，诚信是一种高尚的人格力量；就企业而言，诚信是宝贵的无形资产；就社会而言，诚信可以维持良好的正常的生产生活秩序；就国家而言，诚信是良好的国际形象。对于南怀瑾而言，诚信的重要性亦是如此。在他看来，诚信是一种无形的财富，它有着无穷的力量。

小信成则大信立

子曰：“人而无信，不知其可也。大车无輗，小车无軏，其何以行之哉？”这句话的意思是说，如果一个人不讲究信用，那么就不知道他还可以有什么样的作为，就好像牛车没有輗，马车没有軏一样，它还能靠什么行走呢？这其中意思与南怀瑾先生所说的“态于中，信于外”可谓是有异曲同工之妙。二者都极其看重“信”的重要性。在南怀瑾先生看来，做人也好，处世也好，言而有信都是非常重要的，无论怎样，人都不能无“信”。

大家都听说过曾子杀猪的故事：有一天，曾子的妻子要到集市上去赶集，孩子哭闹着非要跟着去。曾子的妻子不想带孩子一起去，就对孩子连哄带骗地说：“你听妈妈的话，待在家里，等妈妈回来，给你杀猪吃。”孩子欣然同意，老老实实地待在家中，开心地等着杀猪吃。等到曾子的妻子从集市上回来，看见的便是曾子正在磨刀，妻子惊讶地问：“你磨刀干什么？”曾子说：“杀猪呀。”妻子连忙阻止：“现在正是猪长肉的时候，你怎么能将它杀了呢？”曾子说：“你对孩子许诺，孩子不跟你一块赶集，你回来就杀猪的。”妻子说道：“我那是为了不让他跟我一块去，随意开的玩笑，你怎么还当真了呢。”曾子听罢，对妻子说道：“玩笑不能跟孩子随便乱开。他的心智还没有完全长成，不具备全面的思考和判断力，所以我们的一言一行对他的影响都是非常大的。你现在欺骗他，那就是在教育他学会骗人，就是在教他不诚信。再说了，作为母亲，如果因为你的欺骗，使孩子以后不会再信服你了怎么办？”最终，为了给孩子树立一个好的榜样，为了告诉孩子诚信的重要性，曾子还是决定把猪杀了。

这个故事告诉我们诚信的重要性。话不能轻易出口，一旦出口，就必须要兑现它；不然，便会失信于人。所谓“民无信不立”，一代君王如果不能做到对百姓诚信以待，便不能得到百姓的信赖和拥护；只有对百姓讲以诚信，才能在百姓面前立起自身的诚信之威。

古语云：“父子有亲，君臣有义，夫妇有别，长幼有序，朋友有信。”说的就是这样的道理。南怀瑾先生认为，诚实守信不仅能显示出一个人良好的德行和修养，也是一个人最起码的品行和操守。一个人若想得到他人的信任，首先要自己做到诚信待人，一个国家若想繁荣富强，持久昌盛，君王也一定要言之有信。

百心不可得一人，一心可得百人

南怀瑾先生曾说过“百心不可得一人，一心可得百人”。他在演讲的时候也曾说过他自己对于佛学的独特理解：“一心不乱不光是念佛法门的初步目标，其他任何修行方法基本上都要做到一心不乱，即使修学一切外道功夫，也同样需要以此为追求目标。”虽然这是在讲佛，但是，我们完全可以扩大到为人处世的精神层面。南怀瑾先生对佛学的要求是“一心一意”，但对他自己而言，“一心一意”不仅仅要在佛法修行上专一，扩大到任何领域，都不能离开“一心”，做事情要诚心，与别人交友要诚信，无论哪种情况，都要做到“诚”。不能一心，做事就很难达到自己预期的目标，做人也会显示出轻浮，更不可能让大家信服。

《孟子·公孙丑》中说道：“得道多助，失道寡助。”因为，得道者有其自身的能力所在，失道者必然是有所缺陷的，追根溯源，就在于是否一心。

太平天国运动，相信大家都不陌生。最初面对世界各国的威胁，太平天国万众一心，为国而战，胜利的曙光就快要到来。但是，意想不到的是，王朝权利之争，人心涣散，功亏一篑。这也正是南怀瑾先生所说的，一心可得多人相助，同样的目标，同样的心态，便会是一种凝聚的力量。权力、利益让人改变了想法，因而出现了百心，这也是太平天国运动失败的根本所在。而反观历史上的抗日战争，正是大家团结一心，全力维护祖国的利益，全力为祖国而战，不掺杂任何异心，才赢得了最终的胜利。

南怀瑾先生告诫我们，无论任何时候，不管对待任何人、任何事，都要一心一意。为人处世一心，便会减少许多猜疑，可以缩小人与人之间的距离，可以交到更多真心的朋友。切记，不要试图三心二意，即百心。三心二意就会失去让人信服的资本，想要挽回也会很困难。“百心不可得一人，一心可得百人”既是南怀瑾先生对自己的要求，也是对大家的劝诫。

君子也，当慎独中立

一个人不能迷于绚烂，不要过分了，也就是一般人所谓的不必“锦上添花”，要平淡。即所谓“真名士自风流”，便是保持平凡本色的大英雄。

——南怀瑾

《中庸》中讲到：“天命之谓性，率性之谓道，修道之谓教。道也者，不可须臾离也，可离非道也。是故君子戒慎乎其所不睹，恐惧乎其所不闻。莫见乎隐，莫显乎微，故君子慎其独也。”上天给予人的气质，体现出人的本性，依照本性去做事，就叫作道，而修道的方法则是通过教化。这个道，片刻都不能离开身心，如果偏离，那就不是正道了。君子在别人看不到的地方，更要谨慎小心；在别人听不到的地方，更要警惕注意。

南怀瑾先生认为，隐秘的事情，没有不被人发现的；细微的事情，没有不被显露出来的。“慎独”一词中的“慎”，指的就是小心谨慎、随时戒备；“独”就是独处，独自行事。用南怀瑾先生的话来说，“慎独”一词就是一种为人处世的修养方式，无论任何时刻，在人前还是人后，都不能将做人的道德原则抛弃，要始终坚持自己的道德信念。

众人皆醉我独醒

南怀瑾先生说过，大千世界，纷繁复杂，总会有一些目光短浅、思想狭隘的人，总有一些一心追求个人利益的人。这些人只能看到自己，只看到权力地位，至于其他人，他们丝毫不关心，他们用“人不为己，天诛地灭”的人生教条毫不愧疚地生活着。但是，世界上也有很多与他们截然相反的人，这些人正直、勇敢，心有良知，心系天下。他们无论任何时候，都紧守心灵的一方净土，用道德约束自己，用信念支撑自己。南怀瑾先生认为，人类之所以不断进步，社会之所以有这么多的真善美，就是因为这些“君子”的存在。

众所周知，东晋末年是一个乱世，当时有一种非常不好的社会风气：传统豪门与新兴贵族不顾百姓疾苦，为了各自的利益，大肆囤积土地，导致很多底层百姓最终失去土地，沦落为官宦乡绅的佃户，生活变得穷困窘迫。长期以往，百姓哀声怨道，不忍重负，揭杆而起，最终就造成了军阀割据，民不聊生的局面。陶渊明当时担任江州祭酒一职，没过多久，他就因为忍受不了官场上的尔虞我诈，忍受不了昏庸无道的政治压榨，主动解甲归田。多年以后，江山易主，陶渊明在朋友的劝说下，出任彭泽县令。没过几个月，浔阳郡派遣督邮刘云来检查公务，这个刘云是出了名的凶狠、贪婪，大家对于他打着巡视的名号索要贿赂都心知肚明。有人劝说陶渊明一定要穿戴整齐、准备好礼品，恭敬地去迎接这位督邮，要不然，就会被他栽赃陷害。陶渊明摇了摇头道：“我岂能为五斗米向乡里小儿折腰。”说完，摘掉自己的官帽，毅然决然辞职回乡。自此以后，他欣然每天躬耕陇亩，也因而写下了无数脍炙人口的田园名篇。

为官期间的陶渊明，每天都饱受折磨，每天都在忍受着内心的煎熬。所以，当他忍无可忍时，他就毅然归隐田园，不问世事。究其原因，在于他内心的守则与当时的政治处于对立状态。为了守住内心的准则，为了自己的本心不被污染，他只能选择归隐田园寄托山水。只有自然，只有田间，才是自己心向往之的地方。

保持个人独特的风格

南怀瑾先生说：“通常穿一件蹩脚的衣服，到一个豪华的场所，立即会觉得自己扁了。这时候，就需要有真正学问的气度，即使是穿一件破香港衫，到一个华丽的地方，和那些西装笔挺的人站在一起，内心中能真正地做到满不在乎，不觉得人家富贵自己穷，实在要有真正的修养。”在南怀瑾先生看来，我们现在生活的这个世界，每天有无数的事情影响我们的情绪，左右我们的心绪，甚至是我们的处事方式也在不知不觉中被改变着。其实，这是不必要的。面对外物浮云，不管是物质金钱，还是别人的言论或者看法，我们都应该坚持自己的主见，保持自己独特的风格和处世方式。

有这样一个故事，两座高山之间有一条深不见底的河流，河水水流湍急，而连接着两座山的是一条光秃秃的铁索桥，这个桥是连接两座山的唯一通道，要想从一边到另一边，必须从这个铁索上过去。这一天，有四个人到达了这个铁索桥头，一个盲人、一个聋哑人、两个耳聪目明的健全人，四个人一个接一个地抓住铁索桥凌空前行。结果，盲人安全通过，聋哑人也到达另一边，一个耳聪目明的人也安全过去，只剩下另一个健全的人跌落了山底下，丢掉了性命。

之后就有人问他们三个安全通过的人：“你们是怎样做到安全通过的？”

盲人说：“我眼睛看不到，根本不知道山这么高，桥这么窄，所以，我就像是在走平路一样，平心静气地一步一步过来了。”

聋哑人用手比划道：“我听不到桥下水流的咆哮怒吼，所以，我就没那么害怕。”

而那个健全人说道：“我过我的桥，与桥下的水流没有任何关系，与山峰的险峻也没有丝毫关系，我只要落脚稳固、不慌不乱地走我的路就好了，干嘛要考虑那么多呢？”

那个丧命的人，之所以不幸跌落山崖，很大程度上是因为受到的外界干扰太多。南怀瑾先生认为，人生的道路上，险滩会有很多，这时候需要不为外界所动，专注、坚定地走好自己的路，才能够化险为夷。

每个人都是一个独立的个体，我们每个人都应该保持自己独特的处事风格，只要自己做好判断，那么坚定地按照自己的道路去走就可以了。

比中而行，结交品德高尚之人

交朋友切记不可“比而不周”。

——南怀瑾

《尚书》记载：“人心惟危，道心惟微；惟精惟一，允执厥中。”意思是说，不管“人心”“道心”是多么精微无形，只要把握“中道”就可以了。孔子也曾提出“执其两端，用其中于民”，荀子的“比中而行”对孔子“执两用中”的思想进行发挥，两人作为儒家思想的代表人，都提到了“中”的概念。可见，“中”在古代儒家思想体系中是十分重要的。荀子曾经说，“心”之蔽塞，常常是因为人们无法在相反相成的两面之间达到平衡，因此，“比中而行”就是在“心”的主观意愿和客观事物之间，找到一个合适的中间点，也就是“合内外之道”。南怀瑾先生非常认同这个观点，他认为，荀子的思想在本质上就是传统儒家的中道精神或中庸原则，也就是指导人们要按照合适的标准来为人处世。

坚守志向，不辱生命

《论语·微子》云：“直道而事人，不降其志，不辱其身。”这里面呈现的是一种志向高洁、确定信念就坚持不改、不轻易妥协的精神，这也是古人所认为的一种合适的为人处世的标准。南怀瑾先生认为，每个人都会有自己的处事标准，不管是圣人也好，平凡的人也罢，他们都会根据自己的人生观、世界观、价值观制定出自己的为人处世之道，他们会有自己的志向，以此作为激励自己奋斗前进、勇于创新的动力。志向对每一个人来说，都是非常重要的，一个有志向的人，面对困难不会轻言放弃，会一步步接近目标；而一个没有坚定的远大志向的人，是不可能有所作为的。

南宋末年抗元英雄文天祥，在奸佞当权的时代，依旧保持高洁的志向，大敌当前，在众官员纷纷叛变的时刻，带领士兵，共赴国难，为国家征战大江南北。这期间，他始终保持着君子的忠君爱国之志，将保卫国家作为自己的准则，即使在后来不幸战败被俘虏，他坚守志向依旧未变。据记载，文天祥被俘后，有很多人都想使他归顺、投降，对他软硬兼施，但都没效果。面对高官厚禄的诱惑，他曾说过："国亡不能救，作为臣子，死有余罪，怎能再怀二心？"面对敌人的威胁，他还说过："要监禁就监禁，我连死都不怕，难不成害怕你们的监禁吗？"文天祥誓死不投降，誓死捍卫自己毕生的志向。最终，元朝统治者失去了耐心，处决了他。虽然他牺牲了，但是，对他来说，这何尝不是生命的最好归宿，为了自己的志向，为了自己的国家，为了捍卫自己的处事准则，他英勇就义，也正是他的这种做法，使他名垂千古、永留史册。

一个有坚定志向的人，就好像是给自己的人生之路点亮了一盏明灯，能够很好地为自身品行进行完善。纵观青史，"义不食周粟"的伯夷和叔齐，是保持志向、完善自我的典范。面对周武王用武力推翻殷商统治的局面，伯夷和叔齐极其反对，竭力对其进行劝导，但是周武王依旧不听，二人最终毅然决然地"义不食周粟"，宁可自己饿死，也不愿意去吃周国的粮食而得以苟活。他们用死完成了自身品性的修炼，他们用死来捍卫自己的志向，最终身虽死，但志长留。一个人对待自己的志向的态度，可以体现一个人的整体水平，志向坚定的人也会是一个品性完善、具有仁德精神的人。

人们常说："有志者，事竟成。"一个人一旦拥有了坚定的志向，那么这个人便很容易成功。纵观古今中外，你会发现，功成名就、被人赞誉的人几乎全都是坚定不移地坚持自身志向的人。有着坚定志向的人，即使遇到艰难险阻，依旧不会低头弯腰，降低自己的处事准则。南怀瑾先生认为，志向的可贵，不在于是否远大，而在于你是否能够坚守它，并将之当成引领你前进的一股动力。年轻人应当为自己的人生之路确立自己的志向，有了志向引导，有了为人处世的标准规范，才不至于在漫长的道路上走下坡路。

与人相交，比中而行

熟悉南怀瑾先生的人都知道，南怀瑾先生为人非常谦和，不管是面对达官显贵，还是无名小辈，他都会一视同仁，都会用真诚的心将其当作朋友。而很多人之所以愿意与他交朋友，也是有原因的。南怀瑾先生有他自己的交友原则，那就是不管是关系深还是关系浅，他都非常的尊重对方。涉及对方隐私问题，他从来不会过问。在他内心有一杆秤，他时刻把握与人交往的距离，秉持着中庸原则，从而使每个和他在一起的人都会感觉非常轻松。

《庄子·山林》中有这样一句话：“君子之交淡如水，小人之交甘若醴。”生活中，我们常常有这样的体会，与某个人的关系越亲密，越容易产生矛盾和摩擦。究其原因，就是关系太熟的人之间的交往超过了一个度。朋友之间的交往是否让彼此感觉舒适，取决于对二者之间的度的把握，当二人为彼此找到一个非常合适的距离，才能够相处得放松而舒服。

有一个心理学家做过这样一个实验：在一个空间很大的阅览室，当里边只有一个读者时，心理学家走进去，然后坐在那位读者身边，心理学家分别先后坐在了八十个人的身旁，结果显示，在一个只有两个读者的空旷阅览室，没有一个人能够忍受陌生人紧挨自己坐下来。很多人甚至在心理学家坐下来之后，马上起身直接坐在其他地方，还有人直接问心理学家：“你想干什么？你为什么坐我旁边？”

从这个实验可以看出，人与人之间保持适当的距离，几乎是一种本能。每一个人都需要自己独立的空间，当这个空间被人侵犯时，就会感到不舒服。这与南怀瑾先生的“比中而行”的交友原则，其实是一样的道理。在人际交往的过程中，要掌握好一个度，客气、尊重每一个朋友，认真呵护彼此之间的个人空间，恰到好处地寻找到适合彼此的空间距离和心灵距离，说话行事都要注意不要跨越彼此之间的距离，这对每个人来说都是一门智慧。

第三章

南怀瑾谈修养教化

成己仁也，成物知也

儒家推行中庸思想，目的在于教化天下众人达到中道的理想状态。因为中道能产生适当的人生态度，而适当的人生态度产生合理的行为方式，合理的行为方式最终形成“致中和”的礼仪和修养。故而，儒家思想认为，人类全部的道德修养以及法律规则，都需要符合中庸之道，这样才能无过而无不及，最终使全社会达到至善的境界。

宽柔以教，注重文教

侠骨柔情天付予，临风玉树立中衢。知君两件关心事，世上苍生架上书。

——南怀瑾

关于文教，早在春秋时期，孔子就已经提出“宽柔以教，不报无道，南方之强也，君子居之”的观点。对人要宽厚，要温柔，同时更要注重教化。无道是非常不对、极为不合理的，但是我们仍旧可以宽容和原谅他，并不马上采取报复的行为。这可以是一种做人的方式，同时是一种智慧的表现。南怀瑾先生认为这可以看做一种对百人、千人、万人甚至亿万人的教化，是一个标尺。

严而不厉，宽容和严格相统一

在教育上，南怀瑾先生和孔子的观点一致，都认为要采用中庸的哲学方法。教育上的宽容要有一定的限度，过度宽容就成了纵容。南怀瑾先生认同：“一切最好的教育方法、一切最好的教育艺术，都产生于教育对学生无比热爱的炽热心灵中。”为人师者，要秉承“严在当严时，爱在细微处”的态度，即严格和宽容并存的中庸原则，只有充满宽容的严与表现严的宽容相辅相成，才能铸就一个身心健全的孩子。

我国著名的翻译家、文艺评论家傅雷对自己的孩子所提的唯一要求是，事业上永无止境，思想上谦虚诚实。傅雷对孩子的教育就是严而不厉，宽容和严格并存的态度。他的儿子弹钢琴的时候，如果弹得很好，傅雷就表扬他，同时鼓励儿子再接再励；如果弹得很随意很应付，他就告诉儿子要端正态度，同时帮助儿子分析短处和缺点，有则改之无则加勉。傅雷认为，对待孩子不能一味地严格或者宽容，二者要相统一，在孩子想要得到父母的赞美的时候，就要给予足够的鼓励，对孩子进行表扬；如果孩子做错事，又不懂得分析自己的缺点，父母可以适当地严格列出标准，给孩子树立一面明镜，这样做对孩子会有明显的提升作用。

无独有偶，苏霍姆林斯基作为一名苏联的教育家，一生把关爱孩子作为“生命的追求”“教育的奥秘”，他认为“把整个心灵献给孩子们”是作为教育者最根本的要求，而在他的教育的基本观点中，如果缺乏一定的严格要求，放任自流，是一种极其不负责任的做法。严格是严爱，不是严厉，也不是一味地宽容。教育孩子应该严格和宽容并存，否则就像没有水的池塘一般。唯有做到宽严适度，宽容和严格高度统一，才能有效地培养孩子的思想品格和道德行为。

和而不同，柔中带刚

每一件事情都有两面性，强和弱往往相互统一，而不是完全对立。在传统的中庸文化中，刚中带柔，柔以克刚，都体现出一种克敌制胜的精神力量。正因为如此，古代文教上所讲的中庸之道，就是一种和而不流、柔中有刚的教化思想。

曾国藩在晚清时期不仅是朝中重臣，也是一位懂得教育的父亲，在他的家书里，字里行间所透露的皆是对子女的积极的人生观导向。身处高位的他，依旧追求高洁淡远的胸襟。做人要“惟志趣高坚，则可以柔克刚；惟襟怀闲远，则可化刻为厚”。为学求知，并不能一味追求刚强，应该以柔克刚，才为正道。

曾国藩对年时二十八九岁的儿子曾纪译评价道：“禀气太清”“天性淡于荣利”。那时候他的儿子曾纪泽是翰林院的新科庶吉士，年轻骄傲，目中无人，不可一世。曾国藩曾经在家书里对儿子进行劝诫，他认为儿子曾纪泽气质过于清，即性格柔弱，所以要树立高贵而又坚定的志向，才可以化柔弱为刚强；过于清容易刻板和较真，薄情寡义，只有扩大心量，以闲适胸怀正视人生，才可以做到化刻板为宽厚的气度。曾国藩让儿子阅读具有宽宏心胸的诗篇，如陆游的诗篇，多读一些就能够培养闲适的胸怀。他认为儿子在这两个事情上用功，就会终身受用。经过曾国藩的谆谆教导，曾纪译的性情逐渐变得踏实下来，历经半生的绚烂之后，最终磨砺出平淡的真性情，晚年的曾国藩对儿子的淡泊之性十分赏识，并给予肯定，但也提醒儿子注意，没有哪种性格是十全十美的，再高贵的性格和志向也都有其负面性。对人过于宽厚则无原则和底线，如果太刻薄则又显得无情。曾纪泽虚心接受父亲的教导，恪守初心，性情淡泊而勤奋，待人宽容而坦诚，他曾刻苦学习外语，能人所不能，因而在中俄谈判中，赢得了晚清时期中一次绝无仅有的外交胜利，可谓之能臣也。

宽柔，处世之道也

“宽柔以教，不报无道。”南怀瑾先生认为这是一种用宽宏、容忍的态度教育犯错的人，不报复他人对自己的无礼行为。通俗来说，就是以德报怨，用一种善良的德行，去回报他人对自己的仇恨。

东汉时期，光武帝刘秀与在河北自立为王的王朗进行了一场战争，但刘秀以雷霆手段迅速捉拿了躲避在邯郸城内的王朗，并且处死王朗，取得战争最后的胜利。但是在清缴王朗的书信时，发现了许多刘秀手下的官吏、平民私通王朗的信件，内容都以贬低刘秀、吹捧王朗为主。刘秀手下的官员很气愤，认为这样吃里爬外的人应该统一抓起来处死。而那些曾经给王朗写过信件的人，一直提心吊胆，寝食难安，十分害怕。刘秀知道这件事情后，立刻召集了文武百官，当着所有人的面，把这些信件全都付诸一炬。

刘秀对朝臣道：“有人在过去做错了事情，私通王朗。但是事情已经过去，我既往不咎，只要求那些做错事的人能够安心在朝廷供职，不愧对黎明百姓。”刘秀这样的做法，让那些心惊胆战的官吏大吃一惊，也在心里暗暗感激刘秀，以后便死心塌地地为他效劳。

与其把能人赶到敌方，成为自己的对立面，还不如对他们施加德行，收为己用。正如古人所述：“大德容下，大道容众。盖趋避而利害，此人心之常情也，宜恕以安人心。”趋避利害本就是人之常情，应该以宽恕的态度使人心安定。

判断一个人是否能做大事，人们经常用他是否能够宽恕、容忍别人来判断衡量。只有用宽容和严格的态度，才能以柔克刚，才可以培养出能够宽恕、容忍他人的人。只有能够对别人容忍、宽恕才能掌管和使用人。换句话说，宽柔不仅仅只是一种教育方式，也是一种涵养，更是一种取得他人信任的重要方法，一种赢取拥护、发展自身事业的高明策略以及强大的力量。

始于一理，终于一理

我发现一个道理，任何人的一生，没有离开他幼年幻想的范围，这是下意识地表现了他的禀性。

——南怀瑾

子程子曰："不偏之谓中，不易之谓庸。中者，天下之正道。庸者，天下之定理。此篇乃孔门传授心法，子思恐其久而差也，故笔之于书，以授孟子。其书始言一理，中散为万事。末复合为一理。""其书始言一理，中散为万事。末复合为一理"，原本说的应该是《中庸》这部经典的行文结构，是从做文章、做学问的角度来说的，意思是把道理分散到万事万物之中，分散在行文过程中的每一个步骤。南怀瑾先生表示，不要单纯地把这句话当作教导我们如何写文章，而是要从心法的角度去体会，把这个过程作为自我修养的精神来体会。南怀瑾大师认为，真理是自己悟出来的，最后都要返璞归真，无论如何，要做好自己。

返璞归真，做好自己

南怀瑾先生曾说，每个人把自己的人生安排对了，整个大我也就安排对了，有许多事往往是因为这个"我"安排得不好，最终把整个事情也搞砸了。每个人都应该学会在最重要、最基本的位置安排自我。所以返璞归真就是最高境界了，就如同化妆的最高境界就是自然美一样，一个人的最高的修养境界，就是做最好的自己。

我们修身，精神的运行过程其实就是按照“始于一理，终于一理”这一过程，与之环环相扣。我们的精神之处，一念未生之时，其实就是自我最根本的状态，它是一种看不到、摸不着的万法未生的状态。万法从无到有，一念初生，也就是“始言一理”。等到最初的自己因为年龄阅历的日益增长，最初的一念展开了，我们的精神运行过程扩展开来，各种念头纷至沓来，万千世界由此形成，也便是“中散为万事”。到最后，不管多么杂的精神活动，终究还是要回到最初的起点，也就是“末复合为一理”，返璞归真，做好自己。

一位公共汽车司机的女儿想成为一名歌星。但是她自身的外表形象并不突出，甚至有些难看，嘴巴极大，还长了龅牙。她第一次在新泽西的一家歌厅里公开演唱的时候，一直想要用自己的上唇包裹住龅牙，她企图让自己在众人面前显得高贵典雅，结果却把自己弄成了四不像，这样下去，她注定是要走向失败的。

幸好当晚，有一个成功男士认为她十分有天赋，在唱歌方面具有才能，他直率地对这个女孩道：“我看了你的表演，看得出来你想要掩饰什么，你觉得你的牙齿很难看？”那女孩听见了万分难堪，不过那个男士还是继续说了下去：“龅牙又怎么样？它并不能构成犯罪！不要试图掩饰它，张开嘴就开始唱歌吧，那才是你真正要做的事情。你越不把它放在眼里，听众就会越爱你。再说，你现在认为的龅牙，也许在将来会给你带来意外的财富呢！”

女孩接受了男士的建议，把龅牙的事情抛到脑后，从此以后，她只把自己精力放在歌唱上和观众身上，后来她成为在电影和电台中走红的顶尖歌星。

爱默生在《论自信》中写道：“在每个人的教育过程之中，他一定会在某个时期发现，羡慕就是无知，模仿就是自杀。无论好坏，都必须保持本色。”

真理是悟出来的

南怀瑾先生认为：理在哪里？理就在你自己那里，这是自己本来就有的，只不过还没有悟出来而已。

有一位小沙弥问禅师："我们的寺院里出过数不尽的得道高僧，佛堂里化育过冥冥众生。可是，我们佛桌上的那只木鱼听过那么多经书，为何却成不了佛呢？"禅师微微一笑道："你来到这里多久了？"小沙弥道："已经有两年了。"禅师又问："那你懂不懂得念经呢？"小沙弥答道："懂。"禅师问："懂不懂得礼佛？"小沙弥道："懂。"禅师问："懂不懂得修持？"小沙弥道："懂。"禅师笑了起来，说道："你说了那么多'懂、懂、懂'，那你成佛了没有？"小沙弥脸红地说："还没有。"这时候禅师语重心长地说："这就对了，那只木鱼说了那么无数声的'咚、咚、咚'，毕竟永远是只木鱼，因为佛法不是靠说出来的，而是靠悟出来的。"

人生的道理、处世的经验、做事的心得，都不是依靠简简单单的话语就能学会的，理是悟出来的。自本自根，在生活中的每一个时刻，都要时时刻刻感悟道理，这样才能在浓缩的生命里感受生命的真谛，并不断丰富生命的内涵。

智、仁、勇，天下之达德

所以儒家主张智、仁、勇三者并重，做一件善事，要有大智慧去做，不是简单的，千万不要做似是而非的事，不要以善因而得恶果。

——南怀瑾

《中庸》有云：“天下之达道五，所以行之者三。曰：君臣也，父子也，夫妇也，昆弟也，朋友之交也；五者，天下之达道也。知、仁、勇三者，天下之达德也。……子曰：‘好学近乎知，力行近乎仁，知耻近乎勇。知斯三者，则知所以修身；知所以修身，则知所以治人；知所以治人，则知所以治天下国家矣。’”这段的大意是天下可以实现大道的途径有五个，但是可以实行的品质有三个。君臣、父子、夫妻、兄弟、朋友之间的交往就是实现大道的途径。智、仁、勇，这是用来处理上面五种伦理纲常的德行。孔子说，喜欢学习而接近智，努力实践而接近仁，知道廉耻而接近勇。知道了这三点，才能够知道如何修养自己，知道了如何修养自己，才知道如何管理他人，知道如何管理他人，才知道如何治理天下和国家。只有遵循伦常，做到知、仁、勇才能做到修身、治人、平天下。

孔子说：“君子道者三，我无能焉：仁者不忧，智者不惑，勇者不惧。”南怀瑾先生曾经这样解读这段话：学习和道德修养符合标准的三个必要条件，分别是“仁者不忧”“智者不惑”和“勇者不惧”。

仁者不忧

心怀仁德的人，心中是没有烦恼和担忧的，只有快乐。也就是，在面对国家大事的时候，仁者能够做到无忧无虑，遇到的事情都会有解决的办法，即使无法解决，也能够坦然接受，不会由此产生烦忧。这就是真正的君子，他们不会把担忧表现在脸上，他们的气度要求他们拥有临危不惧的气魄。不管面临怎样的危难，仁者都能怀揣一份从容不迫的淡定，不会因此而自乱阵脚，产生迷茫。个人生活也应如此。人生十之八九不如心意，面对生活中各种各样的忧患，真正的仁者可以不受环境、空间和他人的干扰，而达到一种“乐知天命”的境界，也就是我们常说的“不以物喜，不以己悲”，不管面对何种状况，都能做到宠辱不惊。

有一则小故事便验证了“仁者无忧”的道理：

据说从前在一座山上的寺庙里住着一对师徒。有一天，这对师徒下山化缘，走到河边的时候，看到一位姑娘因为过河而发愁。于是老和尚便走过去说：“我背你过去吧。”老和尚将姑娘背过河以后，小和尚觉得十分震惊，却又不敢多问。直到又走了二十多里，小和尚终于忍不住问：“师父，我们可是出家人，你怎么能够背姑娘过河呢？这不是犯了色戒吗？”老和尚回答说：“出家人一切为空，眼中无色，心中亦无色。对我而言，刚才那位姑娘只是一个遇到困难、需要帮助的人，出家人以慈悲为怀，当普度众生，见别人有困难，不可不帮忙。”小和尚这才明白其中的道理。

这个故事启发世人：真正心怀仁善的人，不会有无谓的烦忧，坦然面对外界的一切烦恼，能够担得起，也能放得下。不多忧虑，从容淡定，正是仁者无忧的至高境界。

智者不惑

拥有极高的智慧，就可以做到没有解不开的困惑，保持头脑清明，心神安定。然而，大道三千，世间万物玄妙，有很多我们无法探知的智慧。因此，真正拥有极高智慧的人寥寥无几，世界充满未知，也告诫我们要不断学习，增长见识，从而不断地减少困惑。而智者不惑并非是无所不知、无所不能，而是在面对迷雾般的问题时，能够冷静地从中找到解决的办法和问题的根源，不会因为毫无头绪而自乱阵脚、心烦意乱，甚至失去辨别的能力。因此，智者不惑，就是无论遇到什么事情，都能够保持一颗清明的心，从容不迫地面对生活中的种种问题。

在齐威王时期，他身边的近臣都称赞阿地的大夫贤明，而贬低墨地大夫。于是齐威王便派人去两地视察，之后便召见了墨地的大夫。齐威王称赞墨地大夫："自从你去了墨地，说你坏话的人从未断绝。但是我派人视察墨地，看到的却是百姓富足，安居乐业，边境安定。这足以证明你并没有贿赂我身边的人。"之后还赏了墨地大夫万户封地。接着，齐威王又召见了阿地的大夫，训斥道："自从你做了阿地的大夫，我身边的人天天都在夸赞你。但是我派人去阿地视察，却发现田野荒芜，百姓贫困，边境混乱。足以证明是你贿赂了我身边的人。"之后便以烹刑惩罚阿地大夫和称赞他的近臣。齐威王并没有轻易地听信身边的人的话，而误会墨地大夫，也没有因此而重赏阿地大夫。而是从容不迫地通过事实来求证，这就是智者不惑，冷静地面对生活中的问题，不偏听偏信，运用正确的手段来解决问题。

勇者不惧

勇于面对，勇于作为。面对生活，勇于坚持真理和坚持自己的意见，敢于对自己的所作所为承担责任，做到言行举止坦坦荡荡。不惧谣言，做到公平公正，坚守本心，安守本分，这也是我们常说的"君子坦荡荡"。因此，人生也无所畏惧，无从畏惧。

从前有一个国王没有孩子，于是便昭告天下，把花的种子分给国家的每一个孩子，对他们说："你们谁种的花最好看，我就把王位给谁。"于是到了规定的日子，许多孩子都在父母家人的陪同下，带着好看的花朵去了王宫。但是只有一个孩子捧着一个空花盆去了王宫。最后令人大跌眼镜的是，国王选择了那个捧空花盆的孩子。原来，国王给孩子们的种子全是煮熟了的，根本无法种出花朵来。而那个孩子在看到别人都拥有美丽的花朵的时候，并没有动摇，坚定地坚持自我，捧着自己亲手种的空花盆去了，他无愧于心，坦坦荡荡，无所畏惧，最终成了国王的继承人。

拥有智、仁、勇的人才是真正的君子，才是一个真正意义上的“大写的人”，智、仁、勇是中国从古至今追求的端方君子的品质，也是中庸之道的基础。只有具备这些道德素质，才能离成功更近，才能有所成就。

学而知之，困而知之

学习就是为了明理。

——南怀瑾

《中庸》有言："或生而知之，或学而知之，或困而知之，及其知之一也。"意思是有的人天生就知道这些（世间万物的法则或道理），有的人是通过学习知道了这些，有的人因为遇到困难而思考，然后知道这些，最后的结果是他们都知道了，并没有什么不一样的地方。这段话的原意是说对于世间的一切，需要我们探索的知识，不管是通过什么方法能够明白了解，结果都是一样的知道了。

孔子有类似的话："生而知之者，上也；学而知之者，次也；困而学之，又其次也；困而不学，民斯为下矣。"生而知之是最上等的学习方式，因为这样的人自身天赋极高，也就是我们常说的天才。但是大多数人都并非生而知之，天才毕竟是少数，我们大多数人只能学而知之，通过一点一点的学习，然后知之。倘若学习后还是不知道，那就是遇到了困难，迎难而上，积极解决问题，做到困而知之。

南怀瑾先生曾经在谈《中庸》时说："与'或生而知之，或学而知之，或困而知之'相对的，即是'或安而行之，或力而行之，或勉强而行之'。"也就是说，"生而知之"的人只要"安而行之"即可，他们生而合于道，天生便有常人没有的天赋，极易得道。但是我们大多数人都是"学而知之"和"困而知之"，因此，我们要做的便是"力而行之"和"勉强而行之"。

要懂得敏而好学

孔子曰:“吾非生而知之者，好古，敏以求之者也。”我们大多数人不是“生而知之”者，因此，我们只能像孔圣人所说,“敏以求之”，也就是“学而知之”。学习并非是一蹴而就，而是一个循序渐进、不断积累的过程，也就是量变的过程。大道三千，世间万物无不玄妙，我们所知甚少，因此只能不断地学习，尽可能地缩小自己未知的范围，这就是学习的意义。

诗圣杜甫说:“读书破万卷，下笔如有神。”只有通过不断地学习，不断地积累，逐渐地量变，才能更好地运用我们的知识。

我们所熟知的书圣王羲之，他之所以能成为一代书法大家，是因为能够“学而知之”,“力而行之”。相传，在王羲之十三岁的那年，他偶然间发现了父亲所藏的《说笔》的书法书，便悄悄阅读。被父亲发现后，由于父亲担心他太过年幼而无法保密家传，于是允诺待他长大之后再教授他书法。不想，王羲之竟然跪下请求父亲允许他现在就开始阅读，父亲深受感动，最终答应了他的要求。之后王羲之刻苦练习书法，甚至在吃饭、走路时仍在练习，达到了无时无刻不在练习的地步。倘若没有纸笔，他便在衣服上划写，时间一长，连衣服都被划破了。一次他练习书法而忘了吃饭，家人将饭菜送到书房，他居然直接拿着食物蘸着墨水吃了，丝毫没有发现，满心练习，直到家人发现，已是满嘴墨水。由于王羲之时常在池边书写，以池水洗笔，久而久之，池水也黑了，被人称作“墨池”。正是王羲之这样“力而行之”，最终成为了名传千古的大书法家。

从王羲之的故事中，我们可以看到，王羲之从前不了解书法，因此在看到《说笔》以后便“学而知之”，而之后不断地练习书法，便是“力而行之”，不断地学习，不断地积累。

困境中求学

遇到困难时，很多人会选择放弃、退缩。只有少数会选择坚持，直到解决问题，然后知道，这是一个质变的过程。在我们“学而知之”的过程中，往往会遇到各式各样的问题，但是一旦我们解决了这些问题以后，我们的学习必将发生一些新的变化，提升到一个新的境界。因此，学习不但要“学而知之”，更要“困而知之”，相对应的，我们要“勉强而行之”，迎难而上。

西汉时期，有个叫匡衡的人十分勤奋好学。但是由于家中十分贫穷，所以他白天需要干活，挣钱养家，只有到了晚上才有时间学习。然而他们家穷得连蜡烛也买不起，天一黑，他就无法看书了。而匡衡的邻居却十分富有，一到晚上能够点好几根蜡烛，他思虑良久，鼓起勇气去邻居家，对邻居说：“我想读书，却买不起蜡烛，是否可借用你们家一寸之地学习呢？”然而邻居十分瞧不起比自己穷的人，还恶言相向：“穷得连蜡烛都买不起，还读什么书！”

匡衡十分苦恼，后来发现自家墙上的缝隙能够透过邻居家的烛光，于是便在墙上凿了一个小洞，借助微弱的光线学习，逐渐把家里的书都读完了。之后，匡衡也意识到自己所掌握的知识远远不够，他渴望读更多的书。而他们附近有个大户人家，家中藏书众多，于是匡衡便上门，对户主说：“请您收留我，我给您家里干活不需要报酬，只求您能让我阅读您家里的藏书就好。”户主为匡衡刻苦学习的精神所感动，便答应了他的请求。最后匡衡被举孝廉，官至宰相，成为当时有名的学者。

匡衡的故事告诉我们，遇到困难不要轻易退缩，而是应该不断地想办法解决困境，最后一定会有所收获。

芸芸众生，天才毕竟是少数，我们大多数人都是在同一起跑线上的，因此，我们没有理由怨天尤人，而应该积极地“力而行之”“勉强而行之”，不断地“学而知之”“困而知之”，从而不断地提升自己的学识。

人性本善，自诚明乃性

人性问题是中国文化的中心。

——南怀瑾

《中庸》有言:“自诚明，谓之性；自明诚，谓之教。诚则明矣，明则诚矣。”这句话的意思是心怀诚恳而明白事理，这就是所谓的人性；因为明白事理而做到心怀诚恳，这就是教育的结果。心怀诚恳就会明白事理，明白事理就会更加的诚恳。这段话论述了“诚明”与“人性”的关系，人因为明白事理，才可以明确自己的目标，并为此付出努力，这就是人性。而人性本善，便可以不断地反省自己的所作所为是否符合心中向善的本性，也就是“诚”，这样不断地自我反省，检讨自己，也就是“明”，因此，“诚”与“明”相辅相成，成为人性。

明心见性

如何才能做到“诚明”？唯明心矣。只有坚持本心，心怀真诚，便能达到“诚明”。

春秋时期，管仲和鲍叔牙是一对十分要好的朋友。他们曾经一起做生意，但是在分成的时候，管仲总要多分一些。有的人见不惯管仲的做法，便在鲍叔牙面前替他打抱不平，鲍叔牙帮管仲解释:“管仲不是因为贪财，而是他们家里真的穷呀！”之后，管仲有好几次帮鲍叔牙办事都没有办好，三次做官也被撤职，其他人都讽刺管仲没有才干。鲍叔牙又帮管仲说话:“管仲并非没有才干，而是没有遇到合适的机会而已。”后来管仲三次被拉去参军，都逃跑了。别人嘲笑管仲贪生怕死，鲍叔牙再次帮管仲辩解：“管仲不是因为贪生怕死才不去参军，而是他家有老母亲需要他侍奉呀。”

最后，鲍叔牙做了齐国公子小白的谋士，而管仲却成为了齐国公子纠的谋士。两个公子在回国继承王位的过程中，管仲曾驱车拦截公子小白，拉弓射箭，射到了小白的腰带，小白佯装假死，然后骗过管仲，先一步赶回齐国，继承了王位。而管仲也因此成为了阶下囚。公子小白，也就是齐桓公，在继位以后决定拜鲍叔牙为相，欲杀管仲报一箭之仇。而鲍叔牙却坚持推辞相位，向齐桓公推荐管仲。齐桓公最后重用了管仲，之后管仲的才能也逐渐彰显，帮助齐桓公在春秋诸侯争霸中，成为春秋五霸之一。

鲍叔牙始终相信管仲是一个值得相交的人，并没有因为管仲的某些行为而误会管仲。也没有因为两人的立场曾经相对而对管仲的才能有错误的判断。这固然表现了两人坚固的友谊，但是更多的是表现了鲍叔牙异于常人的“诚明”，也就是在面对流言蜚语，能够心怀诚信，信任好友；能够清晰地判断是非，明白事理，没有因为流言蜚语而误会管仲，更没有为了自己的相国之位而杀害管仲，而是清楚地认识到管仲的才能。正是由于鲍叔牙始终心怀真诚，明白事理，一心向善，才能够成就自己，成就管仲。

人性本善

孔子曰：“性相近。”只说明了人性的相似性，却未说人性究竟是什么。而孟子则说：“性本善。”在《孟子·告子上》提出：“水信无分于东西，无分于上下乎？人性之善也，犹水之就下也。人无有不善，水无有不下。今夫水，搏而跃之，可使过颡；激而行之，可使在山。是岂水之性哉？其势则然也。人之可使为不善，其性亦犹是也。”意思是说人性向善就如同水流向下流一般自然，水往低处走，人也一心向善。但是，水会因为石头的拍打而向上跃起，施加压力也可以让水爬上山岗，向上逆行，而人性也是如此，会因为受到压迫而变得不再向善。在这里，孟子明确地提出了“性本善”和“性恶”的原因。但是荀子却十分明确地提出“性本恶”，认为人天性是恶的，只有通过不断地学习和修养自身才能摆脱恶。而告子又说：“人性之无分于善不善也，犹水之无分于东西也。”

自古关于人性的问题一直备受争论，不知是“性本善”还是“性本恶”，大多数人便赞同了告子的人性无善恶之分的理论。对此，《中庸》提出：“天命之谓性，率性之谓道，修道之谓教。”人的自然禀赋称为性，顺应本性的行为称为“道”，而按照道发展出的原则修养称为“教”。这里没有简单地将性分为善或恶，只是认为人的本性正如自然界的每一种事物一样，是与生俱来就存在的。但是顺应性的道和教确实能够体现一个人的善恶。

虽然我们不能说人性本善，但是我们可以明确地提出人性向善。因为我们的文化、我们所处的环境都是引导我们向善的。因此，在良好的道和教的基础上，人性必然是善的。

明代有名的思想家王阳明曾经与一个盗贼发生了一个小故事：有一天，王阳明讲学直至深夜，一个学生始终都不明白什么是良知。然后，突然房顶发出一些声音，没一会儿就有人大喊抓贼。之后，盗贼便被卫兵押了进来，等候王阳明处置。于是王阳明让卫兵散去，对盗贼说：“把衣服脱了。”盗贼惊惧交加，但是自己被抓住，也不得不听从王阳明的话，把衣服脱了。接着，王阳明一直让盗贼脱衣服，最后只剩下一条裤衩，王阳明却仍然让他脱了。这一次盗贼却死活不肯脱了，大声喊道：“你打我也好，杀我也罢，但是不能再脱了。”于是王阳明问盗贼为什么。盗贼支支吾吾半天，最后不好意思地指了指还在一旁的众人。于是王阳明便对自己的学生说：“这就是良知。在情感上来说，就是羞耻之心，上升到理性就是是非之心。在外人面前，不能一丝不挂，就是良知。”盗贼听了十分感动，哭着给王阳明跪下，说：“我迫于生计当了盗贼，从来没有人尊重过我，从来被人抓到都是打骂侮辱，从未有人说过我还有良知。您今天这么说，我以后绝不再偷盗。”王阳明叹道：“愚不肖者，虽其蔽昧之极，良知又未尝不存也。苟能致之，即与圣人无疑矣。”

南怀瑾先生十分赞同王阳明的说法，认为人人都是有良知的，每个人天生都有一颗向善之心。世上没有绝对的恶人，可以通过教化使其导入正途，恶中有善，存善去恶，这正是中庸之道的教化观念。

修身则道立，尊贤则不惑

“修身”与“尊贤”，是为立人之根本。

——南怀瑾

人生不过是一场不断前行与修行并存的过程，在其中完善自我，确立观念，逐渐进步。人可以误入歧途，可能有所迷惑而颓废、犯错，但是只要冲破阻碍，改过自新，终归会成为一位生活中的佼佼者，生命原本就是由平凡走向伟大的过程。《中庸》提过：“修身则道立，尊贤则不惑。”南怀瑾先生就此解释道：修养自身品德就能树立道德楷模，尊敬贤人就能不被假象迷惑，通俗一点就是修身就道正，尊贤就不会头昏。

择其善者而从之

修身、尊贤，最重要的一点就是要择其善者而从之，只有这样才能树立道德的楷模，尊敬贤人就能不被表象所迷惑。子曰：“三人行，必有我师焉。择其善者而从之，其不善者而改之。”孔子所说的方法，其实就是一个修身、尊贤的一个方法。南怀瑾先生就此谈到：“照孔子的态度，对比自己好的人要尊敬，向比自己好的人靠齐。但是孔子这几句话看起来很平淡，没有什么难处，仔细研究起来，若说在人群社会中，真发现了别人的长处，而从自己的内心、从根性里发出改善、学习的意念，是很不容易做到的。”

众所周知，我国的书法艺术源远流长，自古就有“颜筋柳骨”之说。颜体丰满遒劲，柳体则骨立挺健，一直被众人视为书法界临摹学习的楷模，是学习书法的范本。而柳公权作为柳体的创始人，最初是颜派的鼻祖颜真卿的后辈，早年更是师从于颜鲁公。但是柳公权在学习颜体的过程中，发现了颜体虽然雄浑厚朴但是其中却有臃肿肥胖的弊端。所以柳公权不断地揣摩字体字意，在选择颜体中优点的同时，也摈弃了其中肥大的弊端，渗入了自身“骨立如嶙”的特长，终于创立了流芳百世的经典“柳体”。这不正是尊贤重道，择善而从的典范吗？由此我们可以猜想，如果柳公权一味地效仿颜体，不顾弊端，何来今日的“颜筋柳骨”？同时，如果柳公权心高气傲，对颜体不屑一顾，完全不学颜体，他也无法择优去弊，最终自成一家。

思古及今，尊贤重道会让我们依循传统，择善而从则是对传统进行升华改进。颜鲁公弟子百人，可被后人记住的寥寥无几，像柳公权那样有所建树、自创一派的大家，仅此一人。这正是因为柳公权博学而勤勉，注重锤炼“字外功夫”，比起书法所体现的笔法，他更重视的是自身品格的修养，虚心学习借鉴，与自身特色融会贯通，最终才有所超越。只有尊贤重道，柳公权才可以站得比别人高，望得比别人更远，能发现他人所不能发现的东西。

南怀瑾先生认为，一个人立身行道，只有接受前人的优点，同时也看到瑕疵，然后孜孜不倦地实践，以予扬弃，最终兼容并蓄，形成自己的优点，才能开创出独特的风格。

修身之本为反思

人生的旅途是一个不断修行的过程，而修身是人生中必不可少的一节课，从中，我们可以吸收到充足的水分——那些靠不断反思自我，促进自我行为的规范和道德的修养，修身的根本是在于反思，反思同时也是人生的基石。

相传在很久以前，有两只猴子去摘取桃子，大猴子摘一个桃子扔一个桃子，即使很努力，但是最后到手里的桃子却只有一个；小猴子起初效仿大猴子也是这么做的，直到它摘到了第九个桃子的时候，它停下来好好想了想，然后找了一片芭蕉叶，把第十个桃子和第九个桃子装在了一起，这样小猴子就比大猴子多了一个桃子，有了两个桃子，他发现这个办法可行，就继续按照这个方法摘桃子。经历几万年的演变，小猴子变成了猿人，也就是人类的祖先。从这故事我们可以知道：人与猴子之间的区别，往往只差一小步，就是在于行动、实践后，是否会停下来反思自我、思考并纠正自身行为上的不良方式与习惯。

反思，对于企业来说也是极其重要的，它可以打造一个成功的企业。20世纪80年代初期的海尔还只是一个名不见经传的小公司，生产业绩也十分惨淡。有一次送回来的76台冰箱严重不合格，工人们要求把这76台冰箱简单修理作为工人的福利产品。而总裁张瑞敏却坚持将这76台冰箱全部销毁，因为张瑞敏清楚地知道，反思才可以让人进步。只有当着那些一线工人砸掉自己亲手生产的产品时，他们才会反思自己的错误，反省自己的过失，因为自身的不认真、偷工减料而造成的严重后果。76台冰箱的全部销毁代表近10万元成本的损失，但是这却可以换来工人们的深度反省，对工作效率的提升有至关重要的作用。自此以后，工人们再也不偷工减料了，海尔的业绩直线上升，到了2005年资本已经达到了760亿元。可以见得，反思可以置之死地而后生，在腐朽中创造奇迹。

《论语》中的“吾日三省吾身”，其实要表达的就是会不会自我反思的这个简单道理。对于君子来说，这是一个每日都要恪守例行的习惯。作为凡夫俗子的我们，在遭受了巨大的变故或者痛苦时，虽然也会进行反思总结，但是只是偶尔，距离君子的目标，也是比较遥远的。

择善，而固执之

只要以“不问收获，只问耕耘”的精神去“笃行”，虽然是最愚笨的，最后必然会明白。虽然是最优柔寡断的，最后必然会坚强刚毅起来。

——南怀瑾

《中庸》记载：“诚之者，择善而固执之者也。”所谓“择善固执”，其实就是指认定了目标而不放弃，坚持不懈的一种理想境界，它被南怀瑾先生认为是圣人修养的最高境界，也是真知睿智的勇气。“择善”需要的是灵活的智能，而“固执”则更看重是否拥有过人的勇气。智能加上勇气，同时还要有以“仁义”为核心，然后才能有可能达到圣人所在的至善的境界。

分辨善恶，谓之源

南怀瑾先生曾经表示，人无论是在做事、做生意，甚至在于做人上，都必须具有一项基本的能力，同时它也是成功的特性，那就是分辨善恶的能力。分辨善恶，是辨别形象的美丑，是辨别心灵的善恶，更是传递正能量的力量。在如今美丑颠倒、是非不分、善恶模糊的时代，如果具备清醒分辨善恶的能力，便是一定意义上的成功了。

稻盛和夫是一位成功的企业家，也是一位成功将善恶之观念成功应用到商业上的天才，并且也是一位在商业经营上取得优异成绩的优秀商人。稻盛和夫、松下幸之助、盛田昭夫以及本田宗一郎被世人称为日本的四大“经营之圣”，是当今世界上的工商巨子，在商业界里享有盛誉。稻盛和夫将“一心不乱地工作即心灵美”作为人生的格调，并且处于心灵平静、处世坦然、一心不乱的境界。

当被问及成功最重要的原因时，稻盛先生的回答是，作为一个人，最重要的是在自身的心目中描绘出梦想，用正确的人生思维态度去实现。而这种思维方式大致可以分为两种判断的标准，一种是按照得与失，另外一种则为按照善与恶的标准进行判断。稻盛和夫则选择了后者，认为这才是真正正确的判断标准，并且他的一切行为便是以此开展的。人们总是认为以善恶作为标准是“小儿科”的，于是容易迷失在自以为十分深刻与成熟的“得失”中。稻盛和夫在年轻的时候就一直在思考，要按照哪一种生活方式度过人生。在孩提时期，祖父母、父母对他的教育十分质朴简单，就是一个善恶的标准。虽然可能过于平实，但是这却是稻盛和夫生命中非常重要的原则，他的一生就是按照这个淳朴的标准度过的。

在培养公司干部人员上，稻盛和夫的理念依旧是善恶，他花费大量的精力培训员工，十分注重干部成员的修身。公司在全世界的各个地区无一例外，都注重对善恶哲学的研修，这种研修的意义在于让更多的干部成员学会辨别事物的善与恶，辨别行为上的善与恶。

若要择善，则必定要先知善恶，知善恶是择善的源头。善是在人与人之间适当的关系中实现的，那么最重要的便是要注意行动者自己、行动相关的各方以及社会大众可接受的准则，若这三者之间产生了矛盾，则要以忠于自己内心的感受为最后的凭证，亦即“仰不愧于天，俯不怍于人”。

坚持原则，不轻易言败

择善之后便是要固执，固执不是一味地坚持错误的方向，而是坚持原则。固执是针对内心的感受而言的，择善则是针对具体的表现来说，两者相辅相成并无矛盾之处。坚持原则，不轻易言败，是一项极其重要的人生境界，是修身立性的根本。南怀瑾先生说道：“不管做不做得成功，只要你肯立志，坚决地去做，做到什么程度算什么程度，这便是真正的努力。现在你自己划了一个界限，还没开步走就先认为自己过不去，这不是自甘堕落吗？”

人生的过程是一个不断积累的阶段，一旦失去了坚持不懈的动力和一往无前的勇气，那么等待我们的将是一事无成。选择正确的事物，坚持不懈。天资不足，可以勤能补拙，笨鸟先飞；外部条件艰苦，可以事在人为，只要努力最终总会克服困难的。然而最重要的是我们要有坚持下去、永不放弃的毅力。人生的道路上充满荆棘坎坷，如果因为一点小事就轻言放弃，结果必定是不尽人意的。

西楚霸王项羽，是世人皆知的当世名将，楚国贵族后裔，神勇无比。秦朝末期，正是他带领各路诸侯王推翻了残暴无德的秦王朝，实现了“楚虽三户，亡秦必楚”的豪迈誓言。

楚汉之争中，与汉高祖刘邦的数次交锋中，楚军连战连捷，汉军多次被神勇的楚军杀得丢盔卸甲，狼狈不堪。但是在垓下一战中，汉军大败楚军，楚军自此一败涂地，再无还手的余地。项羽突围逃至乌江，乌江亭长急切劝项羽渡江而去，但项羽却道：“我与江东弟子八千人渡江西上，今无一人还，纵然江东父老怜惜于我，我却还有何颜面面对他们？”遂自刎于乌江边上，一代霸王自此消亡。

“生当作人杰，死亦为鬼雄。至今思项羽，不肯过江东。”李清照的《夏日绝句》中，体现了对西楚霸王的惋惜之情，诚然，项羽的豪情与悲情让人钦佩，但是如果他不放弃，听从属下的劝告渡江而去，结局也未可知。

“胜败兵家事不期，包羞忍耻是男儿。江东子弟多才俊，卷土重来未可知。”坚持原则，永不言败是走向成功的根本动力，很多时候，与成功只有一步之遥。一旦痛失机遇，而和一时的成功失之交臂，也不要过早地轻言放弃，只要坚毅地向既定的目标稳步前行，前方也许就是黎明的曙光。

没有不经历狂风暴雨就能登顶的高峰，没有不经历千锤万炼就能成功的事业。只有坚持原则，不轻言放弃，在一次次的失败中吸取经验，把所有的艰难困苦当做磨练意识的砺石，才能从容地对待生命中的每一次磨砺，成为一个真正的强者。水滴石穿，绳锯木断，坚持不懈，决不轻言放弃，拥有一颗对任何艰难困苦都能永不言败的心，就算狂风巨浪也无法阻挡前进的步伐。

尽物之性，赞天地之化育

因为不圆满，我们才可能进一步完美。

——南怀瑾

《中庸》有言：“尽物之性，则可以赞天地之化育。”对“尽物之性”一词的解释历来争议颇多，朱熹的解释为“知之无不明而处之无不当”，意思是说，要很好地认识和处理与自然之间的关系，可谓一语中的。认识自然、探索自然、珍惜自然并且与自然和谐相处，这是用来实现人们心灵安宁的身心安顿之道，被誉为中华传统文化的大智慧。南怀瑾先生对于这句话的解释也别出心裁，认为这与佛经中的“因缘”相类似，因为这个世界为娑婆世界，世界中既有美好之处，也有诸多残缺，正如人生一般，总有喜怒哀乐、阴晴圆缺，没有哪个人生是完全圆满的。

万事皆有缺陷

无论事情大小，如果不能遵循自然规律，很难把事情处理好。南怀瑾先生认为：“凡人做事，不论大事小事，很少能够做得完美无瑕，这是人生最高的哲理。就如佛学中所说的，大千世界，没有一个圆满的人，没有一件圆满的事！”有时候做到了“尽物之性”，但是总是有所不足，这就是原因。诚如南宋诗人戴复古在《寄兴》中写道：“黄金无足色，白璧有微瑕；求人不求备，妾愿老君家。”没有一个生命是完整无缺的，总会在某一方面有所不足。

有一个德国人为了把家中偷吃粮食的老鼠消灭，特地去买了一只善于捕鼠的猫。但是这只猫虽然善于捕鼠，但是也喜欢吃鸡，结果这个德国人家中的老鼠都被猫捕杀消灭了，而鸡也只剩下寥寥数只。他的儿子想把这只猫弄走，但是父亲却说道："造成我们家中粮食短缺，祸害我们最深的是家中的老鼠，而不是猫。老鼠偷吃我们的粮食，挖穿我们的墙壁，损坏了我们的衣物，还破坏了我们家具，如果不除掉老鼠，我们必将饥寒交迫，所以我们必须除掉老鼠。没有鸡还有其他的食物，我们依旧能够生活；但是没有粮食和其他蔽体的衣物，我们就会挨饿受冻了。"

任何人都难免会有点小毛病，只要无伤大雅都是可以接受的。如同美国鼎鼎大名的发明家洛特纳，他是一个酗酒成性的人，但是菲利浦顿还是诚挚地邀请他到自己的公司做设计师。最后，洛特纳发明的橡胶轮胎被安装在福特公司生产的汽车上，而菲利普顿的燧石轮胎橡胶公司也因此成为全美最大的轮胎公司。

有时候，不完美正是上天赐予的契机。大道五十，天衍四九，人遁其一。正是因为大道的未满而产生了无数的契机和变数。

身心安顿之道

中华民族传统的身心安顿之道突出地表现在特色的山水田园文化之中，在众多诗人的笔下，山水田园风光令人陶醉不已。田园生活中的诗人所描绘的美景与自身要表达的心境、意境交相呼应，被誉为中国古代最美的图景之一，在其间，可以感受到诗人身之安顿、心之静谧的至高境界。无论是"故人具鸡黍，邀我至田家。绿树村边合，青山郭外斜"，还是"采菊东篱下，悠然见南山"，亦或是"酒不醉人人自醉"的心态流露，所展现给世人的皆是一幅幅美丽动人的田园山水画和乡村民俗图，给予人的感触颇深的往往是作者对于此情此景的感受，与那好山好水相伴，简直身如其境，此间身心之安顿、愉悦之情溢于言表。

陶渊明出生于世代官宦的家庭，同时也是元勋之后，曾在年少轻狂时期望在仕途中有所成就。而那个时候正是东晋末年时局最为动荡的年代，不断发生的血腥杀戮乃至激烈的战争，都给人民带来无尽的痛苦和灾难，这种社会动荡也给上层社会造成严重的恐慌和不安感。这使向往自由的陶渊明的政治雄心不得不有所消减，另外，在各种权利斗争中，卑污血腥的阴谋无不打着崇高道义幌子的政治斗争，这一切都使秉性真淳的陶渊明难以忍受。虽然陶渊明也曾为是否归田有过痛苦的徘徊和犹豫，但终究“爱丘山”的夙愿压倒了“逸四海”的猛志，他终于找到了他最终的路——归隐田园。

陶渊明的归隐是一种对人生的选择，是一种对“举世皆浊”“众人皆醉”的厌恶，是不为五斗米而折腰的胸襟。陶渊明所向往的社会是和平与安宁、自耕自食、无竞逐、无虚伪、没有相互压迫和残害的社会；追求的人生是淳朴真诚、淡泊高远、无身外之求的人生；喜爱的人生环境，也是恬静而充满自然之趣的乡村。这些追求使他大多数的田园诗都呈现出冲淡平和、旷洁悠远的表象，但其背后却充满了对现实社会的憎恶与不安，对人生短促、身感无所感的焦虑。正如鲁迅先生所说：“陶潜正因为并非浑身是静穆，所以他伟大。”所以，陶渊明实现了自己的身心安顿之道。

中国的山水田园文化之所以源远流长，它的魅力在于常常让人臻于“物我两忘”，甚至达到“无我”的境界。无论古人亦或是今人都有寄情山水、亲近自然的美好愿望，在山水田园中实现个人的身心安顿之道。虽然山水诗、田园诗的作品中不免有诗人过于理想化的生活状态，但是却达到一种超然物外的境界，令人向往不已。

虽愚必明，虽柔必强

无论做什么事，都要有一种心力。

——南怀瑾

人生在世难免有些不如意的地方，每个人都有自己的不足，会感觉到自身与他人的差距。对此，孔子教导：“人一能之，己百之。人十能之，己千之。果能此道矣，虽愚必明，虽柔必强。”人与人之间，固然存在差距，但是有许多事情需要努力去修与学。当别人一次就能学会的东西，我们可以花上百次的功夫；他人十次就能行，那么我们就花上千次功夫。只要如此，再愚笨的人也会变得聪明，再柔弱的人也会变得坚强。南怀瑾先生曾说道：人生这一路下来，没有什么事情是永远做不到的。只要不断地学习，不断地努力，总会成功。纵然是最愚笨的人，最后也会成为最高明的圣人。纵然是最没有出息、最柔弱的人，最后也会变成强人。这便是学问与修道。

勤能补拙，天道酬勤

古人曾云：“业精于勤而荒于嬉，行成于思而毁于随。”可谓是字字珠玑，微言大义。南环瑾曾在书中谈到：每个人都难免会有些生理或者心理的缺陷，毕竟“金无足赤，人无完人”，不要因为自己笨，就有了自卑感。欲成其事，必先苦勤。成功和勤奋是不可分割的，人生而具有的缺陷或许不能改变，但是勤奋可以弥补不足。想要获得成功就必须要有艰苦卓绝的勤奋，没有辛勤的付出便很难成功。成功的道路上是没有捷径可以走的，一步一步摸索才是真理。

曾国藩是中国历史上最具影响力的人物之一。他一生奉行为政以耐烦为第一要义，但凡行事不求功，勤俭廉劳，不可为官而自傲。他修身律已，以德求官，礼治为先，以忠谋政，在官场上获得了巨大的成功。但是也是这样的一个人，他的天赋却是平平无奇，年轻时期的曾国藩可以说是十分平庸，甚至找不到出彩的地方。

如果从遗传基因的角度来看，曾国藩的父亲曾麟书在学习上也不是很突出，从十几岁就开始考秀才，直到四十三岁，其中前前后后足足考了十七次，人到中年头发花白，也只中了个秀才。而曾国藩的科举之路，可以说和父亲有些相似。前六次考秀才都失败了，一直到第七次才勉勉强强中了一个秀才，名次为倒数第二。关于曾国藩的天资问题，当年他的朋友左宗棠曾在书信中评价：“欠才略”“才太短”“才艺太缺”，“兵机每苦钝智”。甚至曾国藩的学生李鸿章也当着自己老师的面说他“儒缓”，意思就是曾国藩行事处世上反应太慢。所以说，30 岁以前的曾国藩，在很多方面上都是一个十分平庸的人，和我们了解中的他有十分大的差距。

关于曾国藩的天赋不高，还有一个有趣的故事。在曾国藩小时候，一次他在家里背诵一篇文章，重复了不知道多少遍，但是他依旧没有背下来，一遍又一遍地诵读。而此时有一个小偷潜伏在他书房的屋檐下，希望等曾国藩入睡后进行偷盗。可是小偷在屋檐上等了足足好几个时辰，都不见曾国藩去休息，还是一直在诵读同一篇文章，翻来覆去一遍又一遍。小偷实在受不了，不禁大怒，从屋檐上跳下来，指着曾国藩道：“你这种水平还想读书考科举？”然后就当着曾国藩的面，将那篇他一直背诵不下来的文章背诵一遍，而且一字不落，最后扬长而去。可见，这个小偷都比曾国藩聪明很多，但是为什么他是小偷，而曾国藩却成了连毛泽东主席都要钦佩的人，称他为“近代最有大本事的人”。正是因为曾国藩的刻苦精神，所谓“勤能补拙是良训，一分辛苦一分才”，即便天资平庸，只要有锲而不舍的精神，也可以成就大才，这正是曾国藩一生经历的真实写照。

伟大的成功和辛勤一直处于正比的状态，一分耕耘一分收获；“不积跬步，无以至千里”。勤，亦能补拙！若非如此，谁又能想到历史上风光一时的曾国藩曾经的天赋还不如常人呢？

有始有终，贵在坚持

世事艰难，很多时候都是说起来简单做起来难。每个人都会有豪言壮志，然而能够坚持的又有几人？我们总是在不断追求那些通往成功的捷径，很难正视困难，克服自身的缺陷，总是怨天尤人，而不是去脚踏实地地改变现状。

南怀瑾先生说：“一个人由开始到结果，有始有终，这很难。我们做人做事，有时慷慨激昂答应一件事，说一句话很容易，不过只要几天时间，就把自己讲的话、要做事情的动机给忘了。这好比男女结合变为夫妻，成立一个家庭，过不了多久就发生了问题，再不是当初爱得要死的那样。先是可以为你死，后来连半死不活都做不到，这就是久而忘平生之言。所以，一个人不要轻易说一句话，更不要轻易发一个动机。”

所以，做事要有始有终，贵在坚持。其实做事有始有终强调的就是一个连续的过程，即使中途遇到了困难险阻也要把事情完成。在当今的社会，很多人都是雷声大，雨点小，做事虎头虎尾，这样的人只能贻笑大方了。

有一则漫画，讲述的是一个人掘井的故事。每一次这个挖井人都是快要挖到水的那一刻放弃，换一个地方重新进行挖掘。结果到最后，这个挖井人付出了大量的劳动和精力后依旧没有打出一滴水。很多人在人生的关键点上都像这个挖井人，有很多条道路可以供我们选择，但是我们却没有那么多时间去一一尝试，还不如选择其中一条道路坚持不懈地走下去，也许在道路的终点，我们就可以品尝到胜利的果实。

知而修身，知而治人

修身治心的根本是养气。

——南怀瑾

“修身、齐家、治国、平天下”是《礼记·大学》中提到的话。看得出修身是进行其他活动的首要条件。修身包括提高个人的道德水平以及思想素质，即内外兼修。然而修养内心的基础在于我们要有一定的知识才学，通过不断的学习来丰富和提高自身，达到修身的目的。这也就是南怀瑾先生所说的“知而修身”。

修身是谓修心

南怀瑾先生提倡中庸之道，在他的著作中也经常可以看到他对中庸思想的论述与研究。“中庸”一词出自于《论语》，作为儒家的道德标准，通常被解释为待人接物保持中正平和，因时制宜、因物制宜、因事制宜、因地制宜。而其中的修身思想则是儒家思想的重要组成部分，作为儒家伦理道德的核心内容，被当成是达到理想人格和实现人生价值的最根本的途径。“中庸之为德也，其至矣乎”，由此可以看出孔子不仅十分重视中庸之道，而且还把中庸看作是道德修养的最高标准。《大学》一书中也曾讲道：“自天子以至庶人，壹是皆以修身为本”，说的也是这个道理，希望天下的人都要把修身作为实现和完善人生目标的途径。修身的概念，一般情况下都会解读成为对道德品质的修养，即提高人的内在道德修养的理论。所以，修身的本质也就常常被当成了修德。不过，修身虽然注定不能与人的道德修养相割离，但其中所囊括内涵却并不应该仅仅是狭隘地限于道德修养中。修身实际应当为修心，人内心精神世界的修养不应仅仅包含道德素养的提升，还应该包括自我人格的提炼，以及为人处世态度的省察，从而形成正确的人生观和世界观。

如果将中庸的修身思想运用到我们日常的生活和商业活动中，可以获得意想不到的收获。曾经有人问李嘉诚的儿子："你父亲是怎样教你成功赚钱的？"李泽楷说，赚钱的方法父亲倒是没怎么教，只是告诉了他一些基本的为人处世的道理。和别人合作，假如对方拿七分合理，八分也可以，那么李家拿六分就可以了。

李嘉诚想要表达的是，适当的吃亏则可以争取到更多的合作合伴。虽然他这次只拿了六分，但逐渐多了一百个合作人，他能拿多少个六分？但如果拿八分的话，一百个人说不定就会变成五个人，是亏是赚结果可想而知。甚至如果生意做得不理想，就什么也不要，宁愿自己吃亏。这是一种风度和气量，也正是因为有了这种风度和气量，才使得人们乐于与他合作，他的生意也越做越大。李嘉诚的成功也是得力于他的中庸的修身思想以及处世经验。吃亏是福，是一种智慧，也是一种成功的处世经验。而中庸的修身思想则正是达到这样一种理想境界的有效途径，即对内提高自己的道德与精神素养，对外提高自身的行为准则与规范。

知而治人

如果说修身指的是自身，是小的层面，那么治人治国就上升到了另外一个高度。《中庸》谈到了儒家的中庸治国治人思想，"凡为天下国家有九经，曰：修身也，尊贤也，亲亲也，敬大臣也，体群臣也，子庶民也，来百工也，柔远人也，怀诸侯也"，说的就是治国所需要的九个要素，即修养自身，尊崇贤人，亲爱亲族，敬重大臣，体恤群臣，爱民如子，招纳工匠，优待远客，安抚诸侯。"九经"中提出的尊重人才、敬大臣、体群臣、子庶民、柔远人的思想放在当今依旧适用。

邓小平的“一国两制”“两手抓，两手都要硬”就是用中庸思想治国的最好体现。在对待香港、澳门的历史遗留问题上，他既没有一味地强调采取武力统一的方式，也没有放任不管这些问题，而是采取了折中的方法，即儒家的和为贵思想。在具体的操作方式上，他大胆地提出了在一个国家的前提下，允许两种社会制度并存，也就是现在著名的“一国两制”政策。在当时来看，让港、澳、台地区由之前的资本主义制度转变为社会主义制度短时间内看是不能现实的，而如果让整个大陆抛弃社会主义制度，实行资本主义制度也是根本不可能的。所以，邓小平采用了中庸的思想，采取了“两制”的道路，而港澳地区顺利回归后的高度繁荣与发展也充分体现了邓小平这一做法的可行性与正确性。“一国两制”是邓小平运用中庸思想解决历史遗留问题的成功典范，是中庸治国思想在当代的体现。

养浩然之气

孟子曰:“吾善养吾浩然之气。”南怀瑾先生认为，在这里孟子所说的“气”，并不是物质世界的气，不是空气的气。这里的养气是一种修养自身的方法，诚如:“必有事焉而勿正，心勿忘，勿助长也。无若宋人然。宋人有闵其苗之不长而揠之者，芒芒然归，谓其人曰:‘今日病矣！予助苗长矣！’其子趋而往视之，苗则槁矣。天下之不助苗长者寡矣。以为无益而舍之者，不耘苗者也。助之长者，揠苗者也。非徒无益，而又害之。”这里说的就是一种养气的方法。

古往今来，对于养浩然之气都有不同的做法。庄子作为一代哲学家，其精神遗世而独立。当年楚国国君想用重金聘请庄子做相国，这可是楚国一人之下、万人之上的尊位，人人都渴望得到。但庄子却无丝毫受宠若惊之色，他的态度宠辱不惊，以楚国神龟“宁其生而曳尾于涂中”也不愿“笥而藏之庙堂之上”作为比喻，表达自己“死而留骨以贵”的决心，拒绝了这份楚王认为的美差。庄子一生阐释道家思想，可谓是博学多才、满腹经纶，他能够做到不追求名利，“屈才”而甘于平凡，正展现出他浩然高贵的气节。

“吾善养吾浩然之气”，为千古文人志士所传诵，只要能够做到非己之物莫取，非正义之利不谋，不断提高个人素质，不断加强道德修养，养其“浩然之气”，树立崇高理想，坚守高尚情操，诱惑在我们面前定会偃旗息鼓，失去它的威力。

第四章

南怀瑾谈管理智慧

中庸其至，民鲜能久

中庸思想是传统文化的重要组成部分，对中华民族的管理思想和管理模式的形成产生深刻影响。在中庸的基本理论中，有“和而不同”“过犹不及”两大特征，这是一种管理者应该具备的“权变”智慧，运用其中真谛，可以成为凝聚人心的有效管理手段。南怀瑾先生在正确分析中庸内涵的同时，将其进行现代意义的阐释，对其中蕴含的管理价值与具体实践有机结合，力图做到古为今用，合乎中道。

体道而行，圣人以化成天下

儒家讲的道，道的“体”跟“用”是不分的，体用不分。

——南怀瑾

《中庸》第一章的纲领中这样说道：“天命之谓性，率性之谓道，修道之谓教。道也者，不可须臾离也，可离非道也。”这里谈到了“天命”和“道”两个核心概念，也就是说，人的本性要遵循天地规则，而自然发出的本性能体现出天地规则中的道，依道而行是最高的教化方式，作为一名君子，片刻也不能离开道。

中华文化的核心是遵道，道家以“道”命名，所有的理论都离不开道，儒家当然也讲道，理学家们被人们称作“道学先生”，可见也是离不开道的。而对佛教来说，人们常称某位佛家法师为得道高僧，可见佛家也是离不开道。南怀瑾先生确信，中华文化是离不开道的，所以他认为，做人做事都要“体道而行”，只有如此，圣人才得以化成天下。

体道而行

南怀瑾先生谈到“率性之谓道”时说道：“我身边有一些率性之人、耿直之人，我喜欢他们这样的人，愿意和他们交往。每个人都会有这样的朋友，但他们恐怕理解错了率性的意思，这个‘率’是遵循之意，而性就是天命，率性就是遵循天命和自然本性而行。一个率性的人只能是一个体道而行的人，是得道的人。”

对管理者而言，不管是儒家的圣贤之道，佛家的见性成佛之道，还是道家的养身修真之道，都是值得借鉴和学习的。儒、释、道三家都有无数的大德君子、得道高人，他们用这样的方法体道而后行。南怀瑾先生强调的是，无论管理者是从哪一门入道，最终结果都是殊途同归，只要真正用心体悟道，用精神力量去感受道、践行道，都会建立了不起的基业，最终成为站在巅峰上的胜者。

有一位勤劳的农夫得到一块无人肯要的荒地，便在荒地上辛苦劳作。有一个年轻人路过，看到农夫在这块生满树根还满是瓦块、锈铣和砖头的土里耕地，就嘲笑他说："老头儿，你是在挖金子吗？这么贫瘠的土地！"农夫只是埋头苦干，一声不吭，清除了所有的瓦块、锈铣和砖头，铲除了盘绕在地下的树根，又整理施肥。一晃几年过去了，到了收获的季节，农夫满怀喜悦。这个时候年轻人又一次路过，看到了很羡慕，对着农夫喊道："你上辈子真是积了大德，老天爷赐给了你这么肥沃的土地！"农夫擦了擦脸上的汗水，大声回答他："年轻人啊，上天赐给我这块儿宝地时，你还笑话我是个老傻瓜呢。"许多人都像这位年轻人一样，只看到了别人成功后的富足和显赫，却不明白有辛苦付出才有收获的道理。那位农夫懂得世间万物因果有序，土地虽然生满树根，又很贫瘠，但只要用心经营，清理杂乱，施肥养护，贫瘠的地也可以变成沃土，这正是万物运行所遵的道。

南怀瑾先生认为，一名管理者应该有些悟性，悟出一些道理后，付诸于行动。就是说只有先想到，然后紧接着行动，按照规则道理行事，才可能有所收获。如果管理者的思想达不到一个高度，就会像那年轻人一样，看到别人在贫瘠的土地里劳作，就开始嘲笑，看到别人成功之后，又开始羡慕。自己既不思考因果，也不付诸行动，最终六神无主，一事无成。所以说，思想要走在行为之前，行为要紧跟着思想，当思想和行为结合起来，就是"体道而行"。

体用不分，化成天下

《中庸》提及修道即为教的道理，认为体道而行，率性而为是好，但并不是每个人都能做到的。在这个复杂的社会中，每个人的学问知识、性格情操、道德修养等方方面面都不是整齐划一的，聪明的人体会大道更快、更深入些，而愚笨一点的人相对就要慢些、浅些。正像南怀瑾先生所说，大多数人不可能像圣人一样生而知之，那就需要在不断的学习中去悟道、体道。我们常说的“圣人以化成天下”，并不是说统治者治理天下，而是要“化成天下”，也就是说，领导者要通过自身在人群中的典范作用，通过自身的德行修养，让天下人的心慢慢归一，变得善良和纯正，社会中的人群逐渐形成良好和谐的氛围，从而趋向理想中的大同世界。

我们常说教育，那教育和教化有什么区别？“育”，有养育、孕育的意思，需要依靠外部力量，可能是顺从外力，也可能是有意而为之的强扭。但“化”就不同了，大化无形，是润物细无声的感觉，春风化雨，被教化的对象是在不知不觉中走向圣贤之道的，而不是强行灌入某种思想。

《三国志·魏书·王烈传》记载，三国时有个叫王烈的人，他为人正直仁义，威望很高，深受乡里人爱戴。一天，有个人偷牛被牛主人捉住了，偷牛人连忙对牛主人说：“我一时糊涂做了错事，今天任你处置。我今后一定改正。但无论如何，请不要把这件事告诉王烈。”后来，王烈知道了此事，便立即让人送一匹布给偷牛人。有人疑惑不解：“他偷了东西，还害怕让你知道，为何反倒要送布给他？”王烈说：“他想改过又怕我知道，说明他懂得羞耻善恶，送布是促使其知错能改。”还有一次，有好心人主动帮一位负重赶路的老人背东西，好心人不肯留下姓名就走了。不久老人又一次出远门，不小心丢失了一把剑，他返回去找，没想到拾剑人一直等在原地，直到傍晚老人赶来，老人认出他就是此前帮自己背东西的人。老人将此事告诉了王烈，王烈说：“世上竟有如此好人，我一定要找到他看看。”没过多久，王烈找到了那个人，但没想到的是，那个人就是之前的偷牛人。王烈一匹布感化偷牛贼的事迹，很快在当地传为美谈。

南怀瑾先生很认同人们常说的一句话，“言教不如身教”，“身教”就是以领导者的人生实践和精神实践作为榜样，能够让周围的人体会到并且得到感化。而教化他人的最高境界是自修自行，也就回归到了“体道而行”。

尊其位，重其禄，同其好恶

《中庸》的学问之大，把它开展起来，整个的宇宙都在《中庸》的学说思想范围之内。

——南怀瑾

《中庸》第二十篇中说道:“凡为天下国家有九经，曰：修身也，尊贤也，亲亲也，敬大臣也，体群臣也，子庶民也，来百工也，柔远人也，怀诸侯也。”这是治理天下国家的九条原则，从各方面来看，这九条原则实际就是具体展开了《大学》中“修身、齐家、治国、平天下”的这几个阶段。

预则立，不预则废

南怀瑾先生在谈到这九条原则时说道：这是非常实用的统治学理论，然而，这些原则也不仅仅适用于政治领域，也适用于其他领域。实行这些原则的道理都是一样的，便是“凡事预则立，不预则废”，这和孔子所说的“人无远虑，必有近忧”是很相近的，都有防患于未然、未雨绸缪的意思，也可以说是不打无准备之仗，其中的哲学内涵很深刻。比如其中的“亲亲也”如何做？“尊其位，重其禄，同其好恶，所以劝亲亲也。”古代社会是宗族社会，一个统治者提高亲族的地位，给他们以丰厚的俸禄，是为了让亲族与自己结成同盟，同进共退，这不仅是为了亲族利益，也是为了巩固自己的地位，彼此不仅有亲密的血缘关系，还有稳固的利益关系。

但是，南怀瑾先生也说，“劝亲亲”在宗法社会可能行得通，到了新时代则要变通使用，应该活用《中庸》的思想，将其重要原则贯彻到实际生活中去。比如说一个领导者，当他拥有了地位权势，面对利益纠纷时，如何对待自己的亲戚，这就是“劝亲亲”。怎么对待家人？又怎么对待同宗同族的人？这是让历代英雄人物都头疼的问题，很多优秀的人或许能够平定天下，却就是不会处理自己的家事。

历史上不乏为了功名而采取非常手段对待家人之人。战国时卫国人吴起，其妻子是齐国人。鲁国国君看中了吴起的军事才能，想请他为将，但又担心其妻为敌国之女，恐吴起立场不坚定，因此一直犹豫不决。为表心迹，获得自己想要的位置，吴起竟然丧心病狂地杀掉自己的结发妻子。这就是历史上著名的吴起杀妻求将的故事。

举个简单例子来说，在当代的一些家族企业中，经常是家里的亲属身居高管职位，大多数人认为这是人之常情，因为相比外人来说，亲戚更值得信任，让亲属掌握企业的核心权力是比较放心的。但这往往出现更严重的问题，作为一个管理者、一个领导人，公事公办是行为准则，但如果有亲疏好恶，对企业内部的公平竞争是非常不利的，很容易出现意见纠纷。但如果要做到一碗水端平，又就会让近亲怨声载道，让领导者陷入左右为难的境地。那怎么办？南怀瑾先生说到，这就要做到“预则立，不预则废”了。一个领导者可以尊重家人亲戚，优先给他们安排位置，提供更多的晋升机会，但是对于公司的正常运行来说，所有人都要遵守原则，一视同仁，做得好就可以得到奖励，做得不好要批评改正，屡教不改的就辞退换人。

南怀瑾先生强调，对待亲属“尊其位，重其禄”没错，做到“同其好恶”也是为了巩固家族共同利益。一家人要想在一起共事，就要维护共同的立场和利益，拥有共同的道德倾向、思想倾向，甚至是政治倾向。大家的目标相同，做到“劝亲亲也”也就不难了。

汉朝有一个叫许武的人，有两个弟弟，一个叫许宴，一个叫许普，他们的父亲很早便去世了，留下兄弟三人孤苦相依，两个弟弟年纪还非常小。古代传统思想下长兄如父，身为长兄的许武在父亲过世后就需要肩负起家庭的重任，他要提携照顾两个弟弟，更要负责生计。许武知道自己的责任重大，他白天到田里劳作时，就把弟弟安置在树下阴凉的地方，教两个弟弟学习如何耕种；晚上回家时教两个弟弟读书识字，非常辛劳。若是两个弟弟不肯受教，他就会跑到祖庙向祖先禀明情况，今天他教导不利，所以两个弟弟才不肯受教。他将两个弟弟的错误一起承担，在祖先面前说是自己的过失，向祖先告罪，并忏悔自己没有做到尽心尽力，就这样直到两个弟弟也哭着来请罪，许武才肯起来，但他从来不会严声厉色地教训弟弟。乡里的人看到许武到了壮年还没有娶妻，便劝他尽快娶亲，他却回答说："我若是找到了不适当的人，反倒会使我们兄弟的情感出现嫌隙！"后来许武被推荐为孝廉。他为了让两个弟弟也跟他一样被举孝廉，就故意把家产分成了三份，而自己取其中最好的，弟弟们得到的家产又少又不好，这让所有亲朋好友、邻里都骂他这个哥哥自私贪婪，推崇赞扬两个弟弟谦让懂礼。几年后，两个弟弟在人品、学问、品德和产业上都有了些许成就，也被人们推举为孝廉，这时许武把亲朋好友聚集在一起，才把他成就两个弟弟的苦心向大家表露出来。人们知道实情后都感到非常惊讶，赞扬许武是确是一个好的长兄，为了提拔他的两个弟弟，竟是如此地用心良苦！从此以后，乡里的人都称他"孝悌许武"。郡守和州刺史推荐许武出来服务百姓，并请他担任议郎。许武的声望日益显赫，但不久，他却辞去官职返回了故乡，先是为两位弟弟张罗婚事，而后自己才娶了妻。后来兄弟们生活在一起，相处得非常融洽。

这个故事正表明了《中庸》"亲亲也"的观念，作为治理天下国家的重要原则，"亲亲也"是为了维护稳定。因为先有小家，后有大家，没有和谐的家庭，哪儿来亲人之间稳定的感情，没有小家的平安，哪儿来整个社会的有序安宁。

南怀瑾先生一再赞美古人的智慧，说"修身、齐家、治国、平天下"的确是真理。"尊其位，重其禄，同其好恶"，不只是古人遵行的中庸之道，在当代社会中，也是领导者应该运用于工作中的一大智慧。

施恩，但要有度

仁爱有一定的范围，超过了范围，就变成私了。

——南怀瑾

"施恩，但要有度。"这种说法并不常见。施与恩情，要讲求标准，这仿佛与我们的传统美德不相符。传统美德提倡"路见不平拔刀相助"，或者是"救人一命胜造七级浮屠"，还有"滴水之恩，当涌泉相报"，这些传统美德是值得我们传承并发扬的，在管理国家、企业上也同样适用。此外，在现实生活中，施恩是一件比较复杂的事情，也存在恩将仇报的情况。因此，对人施以大恩，是必须要把握尺度的，正所谓中和得当，过犹不及。

虽然会有人认为这种说法有些消极，但把握施恩尺度的观点与南怀瑾解读的中庸理论在思想上是一致的。毫无疑问，根据《中庸》的仁爱观，当他人需要帮助时，我们应积极主动地给予帮助。《孟子》中有这样的说法："爱人者，人恒爱之。"因此，我们对他人给予恩情，他人也是知恩图报的。《中庸》关注仁爱，包括对他人施予恩情。但是《中庸》的仁爱，是有原则的。具体而言，对他人施予恩情，必须要有标准，要把握好一个度。

滴水之恩，当涌泉相报

给予他人一定的帮助，是应该被提倡的。南怀瑾先生在解读《中庸》时，尤其强调统治者和管理者要关爱他人。在历史上，因为统治者给予他人恩情，后来得到好报的例子有很多。

战国时期是七雄争霸的年代，当时七雄中实力最强大的是秦国。秦穆公是一个有气魄的君主，继位后，他团结和笼络了一批有用的人才，特别是任用商鞅，进行变法，大力破除陈旧的陋习，这些举措很快使秦国强盛起来。为了能把天下有才干的人都集聚到秦国，秦穆公十分大度，这具体表现在他对一个冒犯自己的人施恩和宽恕上。

有一次，秦穆公丢了一匹心爱的马。秦穆公十分着急，赶紧派人四处寻找。最后找到几个人，是他们把马抓走了。被发现时，那匹马已经被杀，这几个人正要吃马肉。查明后，秦穆公身边的人劝他要重罚他们。然而，秦穆公却没有生气，跑过去对这几个人说："你们这样只吃肉，不喝酒，就没有乐趣了。现在，我送给大家美酒，大家一起畅饮吧！"

一开始，这几个人得知自己无意中杀了秦穆公的爱马，都吓坏了，以为肯定要被处以极刑。后来发觉秦穆公非但没有生气，反倒是送来美酒，还与他们一起畅饮，这几个人对秦穆公的不杀之恩感激不尽。不久，秦晋两国交战，战争伊始，秦国接连胜利。为了一举消灭晋国，秦穆公提出擒贼先擒王，于是亲自带领几百人马，要抓晋国国君。不料，当他们将要到达晋军营地时，却遭到了伏击，被晋军包围。当时情势危急，若再不采取行动，秦穆公就会成为晋人的俘虏。

在这危急之时，有几个人从队伍中站了出来，对秦穆公说："主公，您跟在我们后面，我们来掩护您突围。"秦穆公定睛一看，发现他们就是之前误杀马匹的那几个人。秦穆公看到他们，觉得有了希望。果然，在这几个士兵的拼死保护下，秦穆公才突出重围。更神奇的是，在帮秦穆公逃脱的时候，这几个人趁乱抓住了晋君。局势一下子就转变了，变得对秦国十分有利。为了营救晋君，晋国人不得不答应秦国的谈判条件，秦国因此获得晋国大片土地，国力大大增强。

通过这个故事我们可以知道，一个人要懂得宽容，要善于给予他人恩情。有时候，给予他人恩情，也许眼前的利益得不到保障，但从长久看来，施恩总会有好报。《中庸》提倡每个人都要关爱他人，尤其是作为一名管理者，施恩与人的同时也是维护自己的利益，这样做不仅仅对自身、企业、国家有好处，也会鼓励手下人，让他们更有进取心。所以在南怀瑾先生看来，一个管理者关爱部下，在别人需要帮助时及时帮忙，是符合中庸之道的君子行为。

中庸之道，施恩有度

南怀瑾先生认为，凡事都要有个度。一旦过了头，失去了应有的度，就会出现一些不必要的麻烦。这同样适用于统治者和管理者的施恩，给予他人恩情的正确方式，是必须要有一定的度。俗话说："恩能生怨，恩能成害。"给予人恩情为何会导致产生怨言，甚至有危害呢？究其原因，就是在施恩时，没有把握好一个度。

现实生活中，我们会碰到这样的事情，有人需要我们的帮助，我们伸出援助之手。我们可能会经常帮助这个人，久而久之，他会对我们产生依赖感，认为我们对他提供帮助是理所应当的。因此，在这种理所当然的思想的影响下，一旦我们无法提供帮助时，他就会对我们产生埋怨的心理。

施恩无度，终成危害。这不仅在日常生活中是一个真理，而且对于管理者推行管理之道也有启发。俗话说得好："给别人一斗米是恩人，给别人一石米是害人。"意思是说，我们在帮助他人的时候，一定要恰到好处。

有这样一个故事，古代有个善人，他每天给门口的乞丐一文钱，经年累月，从没断过。每天早上，乞丐都会守在善人家门口，伸手接来一文钱。开始的时候，乞丐感激涕零，但慢慢地就习惯了，觉得善人给钱是应该的。有一年闹灾荒，家家户户都吃不上饭，善人家里也十分拮据，拿不出钱来。乞丐还是每天早上到善人家门口等着，可是连续三天善人都没出来送钱给他，乞丐实在忍无可忍，就找善人理论，善人深感惭愧，对乞丐说："不好意思，家里没粮食，夫人用钱去买米了，所以没有多余的钱给你。"乞丐一听，勃然大怒，叫骂道："你这奸恶之徒，竟然拿我的三文钱去买米，用我的口粮钱去养活你们家人，简直岂有此理！”

这个故事说明，一个人快要饿死的时候，我们给他一碗饭，让他活了下来，这是对他天大的恩情。但如果一次一次不停地伸出援手，就会让对方养成伸手的习惯，并产生一种错觉，认为你对他的恩赐都是应该的，这个人就会吃完上顿想下顿，一而再再而三的索取，最终变成一个赶不走的贪婪之人。正因为如此，孔子有言："君子周急不济富。"这句话的意思就是说，真正的君子，只会在他人危急之时，提供帮助。一旦他人走出了困境，就不必再给予帮助了。

对管理者来说，施恩更要适度，一方面避免让对方产生贪婪和惰性，另一方面施以太大的恩情，也会让手下人产生不安，既怕恩情还不上，又怕你让他偿还，在工作中背负着道德和心理的双重压力。因此，在一个企业里，管理者给手下施恩太多，会让受到大恩的人心里不舒服，因而产生偏激举动，有的人不但不报恩，甚至还可能加害恩人。在历史上，恩将仇报的例子比比皆是，君王身边最宠信重用的人，往往也是最后坏大事的人。在一个企业里，类似情况也大多出现在那些得到恩惠的员工身上。因此，不要施人以过度的大恩，否则，大恩会遭来灾祸。

正如南怀瑾先生所提倡的，施恩也要遵循中庸之道，依照中庸思想办事。在我们帮助他人的时候，要积极主动地给予他人恩情，但是一定要恰到好处，不能过了头。

君子以人治人，改而止

看到人家做了莫名其妙的事，你不要再做，自己就要反省，我对人处事不能这样子……这就叫“以人治人”，你观察别人，自己晓得做人。

——南怀瑾

无论是人生之道，还是管理之道，它们都不是高高在上的，这些道理就在我们生活的中庸之道中，通常可以用来指导我们的行为。中庸之道就好像是我们的行事准则，是一种样板，也是一种标准。在南怀瑾先生看来，依照心中既有的标准处世，并推己及人，从心出发，方可把握中庸之道。

《中庸》记载:“子曰:‘道不远人，人之为道而远人，不可以为道。’《诗》云:‘伐柯伐柯，其则不远。’执柯以伐柯，睨而视之，犹以为远。故君子以人治人，改而止。忠恕违道不远，施诸己而不愿，亦勿施于人。”对此，南怀瑾先生有他独到的见解。他认为，道不是远人的，是与人亲近的，如果学习道却变得不食人间烟火，那么学习的东西就不能称之为道。同样的，管理者有他的智慧之处，总是能根据不同人的情况采取不同的办法治理，只要他能不断地纠正错误，始终遵行中庸之道就可以了。

尽己之心为忠

南怀瑾先生将“忠恕”解读为儒家伦理思想的精华，倡导管理者实行“仁”的方法。“忠恕”二字，在孔子的思想体系中最为重要。“夫子之道，忠恕而已矣。”在南怀瑾先生看来，这句话的意义在中庸思想中有核心的价值和作用，将“以人治人”作为管理者行事的标准和准则，并且将“忠恕”看作是一个尊道的管理者与周围人相处的标准。这里并不要求管理者做到真正意义上的体道和悟道，而是说明，一名合格的管理者该怎么样与身边的人相处。

“忠”代表着至高境界的“忠”道。所谓“从道不从君”，说的是管理者不是要忠诚于某个人，而是要对道的规则忠诚，对自己的良知忠诚，只有这样才能够达到至高的管理境界。

明代文学家王阳明经历过这一过程，起初他忠于自己的父母，在自己思想不断进步的同时，他发现自己父母的视野不够宽阔，他的思想发生了转变，然后他开始忠于朝廷。在王阳明到朝廷做官的时候，他慢慢发现了一些问题，他看到朝廷里面有很多官员之间存在诸多矛盾，对此他感到厌恶，后来他又转变思维，认为自己忠于皇上总会是对的。可是在效忠皇帝的过程中发现皇上也有无道的时候，偏听偏信，王阳明对皇帝感到失望，从而失去了忠诚对象。后来，皇帝把王阳明打发到偏僻的贵州山区，去龙场做驿丞。王阳明在偏远山区净悟体会，从入世到出世发觉一切都不可靠，他开始思考究竟什么是可靠的。他向内求索，最终得出了答案，认为良知是最可靠的。因此，王阳明最终选择忠诚于自己的良知，开创出心学体系。他认为良知是天地赋予每一个人的，每个人都能够忠诚于良知，由此超越狭隘的眼界，达到忠诚的至高境界。

至此以后，王阳明以“致良知”为行动准则，从此在哲学上达到前所未有的高度，在官场上也一路恒通。他的管理思想受到军民的广泛拥护，“上马治军，下马治民”，平复叛乱，成为立德、立功、立言的一代大儒，被百姓尊称为以文人掌兵的“大明军神”。

推己及人为恕

南怀瑾先生认为，“改而止”蕴含着“恕”的道理。这里的恕就是宽恕，也就是说管理者要学会反省自我，换位思考。孔子在《论语》中这样讲：“吾日三省吾身：为人谋而不忠乎？与朋友交而不信乎？传不习乎？”作为一名合格的管理者，应该时常反省自身，检查自己是否有这样或那样的缺点，要及时改正，循序渐进，参悟更多的道理，同时也要做到宽厚待人。

清朝康熙年间，安徽桐城人张英官至文华殿大学士兼礼部尚书。他的邻居是桐城的大户叶府，其主人是与张英同朝供职的叶侍郎，两家人因院墙发生纠纷。一天，张老夫人修书送张英，说家人为了争三尺宽的宅基地，与邻居发生纠纷，要他用职权疏通关系，打赢这场官司。张英看完这封信，坦然一笑，挥笔写下一封信，随即附诗一首：“千里家书只为墙，让他三尺有何妨。万里长城今犹在，不见当年秦始皇。”接到这封信后，张老夫人顿时悔悟，忙令家丁后退三尺筑墙，让出三尺宅基地。邻居叶府的人看到张家如此做法，很受感动，也不再力争，命家人也把院墙向后移动三尺，也主动让出三尺宅基地。这样，张、叶两府之间就形成了一条六尺宽的巷子，两家人消除隔阂，成通家之谊。这样一来，化干戈为玉帛的六尺巷故事便流传至今。

从六尺巷的故事中可以看到大学士张英的君子风范，严于律己，宽以待人，这其中蕴含着一种管理思想。在邻里纠纷当中，他主动反省自己家人的不足之处，并真正做到了以人治人，改而止，最后是双方都后退一步。自古以来就有“和气生财”一说，管理者不仅要推行建功立业之道，还要懂得以退为进，力求“和气生财”。

从《说文解字》的角度来看，“恕”就是“如心”。“如心”的意思就是你我的心应该保持一致，也就是提倡人们要将心比心，学会换位思考。管理者将心比心，不要对别人有过于严苛的要求或者指责，做人要学会欣赏别人，理解别人，更要学会尊重别人的思维方式、行为方式和生活习惯。“恕”的最高境界就是儒家所提倡的君子风范，要求人保持较高的思想境界，不为眼前的蝇头小利斤斤计较，同时也要做到“己所不欲，勿施于人”。

南怀瑾先生认为，“君子以人治人”当中的“人”可以是一个榜样，也可以是一种标准。“以人治人”，可以说是对待不同的人采取的不同相处方式，也可以说是管理者树立了一个可亲可学的榜样。或许是一种行为，或许是一句俚谚俗语，其内在思想则时时刻刻提醒着人们。“以人治人”是要求管理者用一种亲近的、易接受的榜样来影响其他人，做到“己所不欲，勿施于人”。更要学习君子风范，做到“以人治人，改而止”。

在上位不凌下，在下位不援上

在上不骄，在下不自卑，素位而行。

——南怀瑾

《中庸》载:“在上位，不陵下；在下位，不援上。”实际上说的就是君臣的关系。“不援上”也就是说作为下位的人，尽好自己的本分，没有非分之想，不去巴结、不去谄媚，也没有贪图名利之心。“君子思不出其位”，是说在什么岗位就做好什么工作，绝不心怀其他贪念。而“不陵下”，则是告诫处于上位的人，也就是统治者和管理者，不管在什么时候，都不要欺负、虐待底下的人。

只有做到“素位而行”，不迎上，不欺下，认识到我即是我，无论权利、位置如何，都要明白人性是一样的，人人都是平等的。

心有“素位”，方得人心

瑞典前首相帕尔梅是十分受子民爱戴的一位领导。他在位期间，从来不利用自己的身份做一些特殊的事情，甚至居住的房子都是平民公寓。他平易近人、生活简朴，与百姓不分你我。他经常说:“我就是人民的一员。”作为首相，只有出席正式访谈或者特别重要的国际会议时，帕尔梅才会坐防弹汽车，带保卫人员，像访谈、视察和私人活动，他很少带随行人员。有一次，他参加一个美国的国际会议，竟然独自一人乘坐出租车去机场，令人们大为惊叹。

帕尔梅喜欢微服私访，独自出行已经不是什么新鲜事。他经常独自一人去学校、工地、商店等场所，与学生、工人以及店员进行沟通交流，询问他们的生活情况。他态度诚恳、谈吐优雅，从来不摆政府人员的架子，很好地与地方人民打成了一片。除此之外，帕尔梅还经常帮助别人。因为经常到法罗岛度假，于是帕尔梅跟当地的居民建立了友好的关系。他不仅会和居民一起聚会娱乐、骑自行车外出旅行，甚至会帮助房东干劈柴、打水等粗活。总之，帕尔梅完全与群众融为一体，彼此之间犹如家人一般。也正是因为这些，帕尔梅得到了瑞典人民的爱戴。

帕尔梅任职首相期间，每年都会收到诸多来信，其中三分之一都来自国外。针对这种情况，帕尔梅雇佣了专门的工作人员来拆封、查阅和回复，尽量做到来者均复。对于这些回信，他自然是要看了内容才允许助手发出去。这一系列的行为，都被瑞典人民看在眼里。帕尔梅是首相，瑞典的子民，更是人民的朋友和兄弟。

帕尔梅作为一个国家的首相，是一位极为优秀的管理者，他没有傲慢、没有自满，非常平淡、非常平凡。常以一颗平常心与百姓相处，与他们交朋友，而正是这种平易近人使得他深得大家的拥护和爱戴。而我们当下的一些管理者，往往得到一点地位就忘乎所以，不屑于与普通人交往，这反倒是一种狭隘的心理。真正的高贵是华而不贵，贵而不炫，是一种发自内心的对世间万物的尊重。只有做到这样，才是拥有“素位”之心，得众人拥戴。

君子思不得出其位

南怀瑾曾经说烦恼每从贪起，贪到最后只能害了自己。而这贪又要从何说起呢？我们知道“不援上”，就是尽自己的本分，不拍马屁，不去攀求不属于自己的东西。在其位，尽其职，一旦跨越了这个界限，就是贪了。

和珅为人十分精明，在二十三岁的时候就已经成为了仪仗队的侍从。因为他十分善于利用机会，懂得在乾隆皇帝面前展示自己的才华，于是短短半年，便从一个侍卫晋升到大清王朝权利的最高层，成为乾隆皇帝的亲信宠臣。身居高职，其实已属万人敬仰。但和珅并不满足于此，疯狂敛财。和珅一面竭尽全力奉迎乾隆皇帝，保证自己宠臣的地位；另一面又利用皇帝对他的信任和宠爱，大肆搜刮天下财富，为非作歹。混迹官场数十年，凭借大靠山乾隆皇帝，多次化险为夷。

嘉庆四年（1799年），乾隆驾崩。八天后，嘉庆帝宣布和珅的二十条大罪，立即下令逮捕和珅入狱，赐和珅狱中自尽。就这样，和珅结束了他罪恶的一生。和珅在死前曾写下一首绝命诗："五十年来梦幻真，今朝撒手谢红尘。他日水泛含龙日，留取香烟是后身。"和珅死时，刚好是五十岁，也如他笔下所写，费劲一生心血敛尽的财富，也不过是过眼烟云，在死时都落入他人之手。和珅的死，与其说是朝代政权的结果，更不如说是他自己跨越职位，一生贪念所导致。

功夫巨星李小龙说："贪得无厌，就毫无自律可言，更谈不上自我警惕。"一旦越了自己的位置，贪念就会越来越大。不论是谁，如果没有高度的警觉，为了追求所谓的"向上"而心起贪念，那么自己身处其中，也很难察觉。

很多人在最初的时候都会怀着一颗赤诚之心去对待上下级，但是随着时间的推移，自己做的事情越来越多，就会觉得自己的付出应该得到相应的回报。于是一边努力迎援上级，各种拍马屁、谄媚也随之而来，另一边对待相对弱于自己的人又百般刁难，认为自己是何等的尊贵。对于这种人，最后只会被自己所谓的计谋所害。

人生在世，只有安守自己当下的因缘本分，在本分中尽心尽力，不必刻意迎合攀附，智慧和能力自然会提升上去。对于一名管理者而言，保存一颗"初心"更为重要，在上位不凌下，这不仅是做人的美德，也是管理之道中一项基本原则。

欲得天人和，分人一杯羹

分羹与人，方便自己。

——南怀瑾

对于成功，每个人可能都有不同的理解。但是南怀瑾先生看来，成功的定义有两个，一个是现在的事业成就，另一个是千秋的事业，像宋代的大儒朱熹、程颢、程颐，虽然官位不高，但是在学术上的成就早已名垂千古。要知道，真正的成功者并不贪图物质上的满足，而是追求与大家共享精神财富。在现实生活中也是如此，一个合格的管理者只有真正懂得和大家分享利益，才有可能获得真正的成功。

当然除去懂得和大家的利益共享，还要懂得如何与小人相处。

好的领导，只能用四个字来形容："礼贤下士"。对人有礼而谦下，反而会得到人民群众的认可和拥护。人心阴损狡诈，尤其是身居高位，稍有不注意就会被暗算。对付小人，往往不能与之斗闹而结果两败俱伤。只有收服小人，为己所用，才能获得最大的胜利。

以诱饵收服小人

对管理者而言，一生的事业中总会遇到奸猾狡诈的小人，而收服小人做起来确实很难。那么我们要知道，小人作乱多半是为了利益，有便宜但自己拿不到心里自然不平衡。于是这个时候就要稍微多少给他点好处，让他乖乖地闭嘴，不要影响你统一局面。

在一家外贸公司里，丹尼尔认真工作，为人正直。公司里部员之间因为利益相争，多少都会受到小人的诋毁，但是唯独丹尼尔没有遇到过，因为他有对付小人的办法。

有一次，公司老板让丹尼尔去跟外商谈一个重要合作项目，并让他在公司职员中随意挑选一个作为搭档。

当时丹尼尔说他没有别的什么要求，只希望能和尼克一起去做这个项目。老板听到这个十分惊讶，因为尼克是公司里有名的滑头，不仅喜欢出风头，还经常跟别人抢功劳。总之，尼克就是一个名副其实的小人。

丹尼尔看着一脸疑惑的老总，解释道："这次的项目对我们公司来说十分重要，而且我的搭档也要全心在这个项目上，不能受一点干扰。尼克早都知道我们将要参与的这个项目，如果不让他也参加进来，难保到时候他不会捣乱，影响我们的计划。但是如果让他也加入到这个项目中来，他不眼红也就不会去影响别人，暗中作梗。只要分给他一点好处，堵住他的嘴，不使乱子就行。再一个就是，其实论工作能力，尼克还是挺能干的，也不是一无是处。"

老板听了丹尼尔的总结，觉得确实有那么些道理，于是同意了他的请求。

而尼克在知道丹尼尔自愿与他搭档完成合作项目时，也十分感动，便一心扑到工作上。这样，丹尼尔不仅为公司效益做了贡献，也在一定程度上收买了尼克的心。在后来的工作中，尼克再也没有在丹尼尔背后捣乱过。

君子常常不屑于与小人为伍，认为这样做是玷污了自己高洁的形象。但是在很多时候，"收买"小人并与之为伍是很有必要的。与小人相处，不是被他牵着鼻子走，而是要学会如何驱使小人，让他按照你的套路行事。

小人无孔不入，只有保证他的利益和面子，让他对你感激不尽，才能避免干扰。

分享奉献，乃君子之道

管理的本质是"爱"，一个领导者只有让下属感受到他的爱，感受到他为人民争取利益的心，才能得到人民群众的爱戴。当然领导者带领人民创造出的财富，无论是精神上的，还是物质上的，都要懂得与大家分享，这样更容易让大家心服口服，社会才能和谐相处。

成功的企业大多都有着相对较为合理的分配制度。

美国有一家罗伯德家庭用品公司，自建立以来迅速发展扩大，其利润以每年18%—20%的速度快速增长。有关人员分析其成功原因。原来是因为该公司建立了相对公平的利润分享制度。每年所赚取的利润，都按照一定的比例分配到每一个员工身上。也就是说，员工的积极程度直接关系到公司的利润，而公司收益越好，员工收入就越高。这种“水涨船高”的道理员工不会不明白。于是整个公司出现这样一种情况，上至领导，下至门卫，每一个人都积极投入工作，各个争先，针对产品的缺点及时指出并加以改进。因为这样，整个公司的工作氛围都十分积极向上。罗伯德公司之所以能够发展得红红火火，利润分配制度是最关键的因素。员工工资随着公司效益增长或缩减，员工自然会全力为公司出力。

现实生活中，经常会听到一些公司老板抱怨自己的员工如何不懂得为公司努力，效率是如何低下。但是我们也要想到，凡事必有因果，员工不懂得为公司卖命，最大的原因无非就是自己分得的一杯羹太少。这自然是老板的责任而不应该抱怨下层的员工。收入与付出成正比，员工才会心甘情愿地为老板卖命。

所以在现代生活中，无论我们是领导者，还是普通员工，都要懂得在保证自己利益的同时，不忘记别人的付出与辛劳。一个人如何取得大家的赞美与欣赏，往往是通过他的一颗善于分享的心灵。只有打开心扉，与大家共享美好的生活，每个人才会得到最好的回报。

宽严相济的攻心术

不能绝对说反派的绝对不对，也不能说正派的绝对对。

——南怀瑾

生活就是战场，是生存和毁灭的斗争。有一直疲于奔命投入战斗的人，也有战败后被踩至底层的人。人生的胜负与否，看起来似乎并没有必然的规律，但只要拥有一个攻心的锦囊，就可以尽量避免失败，最终获得成功。

时代的发展日新月异，但是对待人和事物的态度，古往今来并没有多大的区别。古有帝王将相的相互制约与平衡，一味偏执的追求绝对是不可取的。南怀瑾先生认为，管理者在人才的选拔上，应该根据需要各有所取，各有所用，选择不同类型的人才，或者选择兼有多重性情才能的人，可以在多方面平衡力量，提升企业的综合实力。

孔子曾说过："其斯以为舜乎！"他把舜推崇为一个高明的人，这是对舜的用人、做事的艺术所表达的敬意。

舜生长于乡野，不想为王位身份所困，于是极力逃避；后来他又被尧极力推荐，无法推脱了，于是就走上了管理者的高位，从此一心一意治理国家，成为一代明君。对于舜来说，他推脱王位时极力推脱，而上位后又鞠躬尽瘁，全力以赴，拒绝和接受两种态度，即表现他个性中的"严"和"宽"，两种特征存于一身，相互平衡，展现出的是一代大家的胸中丘壑。这正是南怀瑾先生所提到的"执"跟"用"的两个道理。对于同一个人来说，正反两方没有优劣之分，都可以有所应用，有所采纳。

“严宽相济”和道家所提倡的“刚柔相济”其实很像，《周易·蒙》中提到：“刚柔节也。”提倡刚强和柔和相互调剂，相互平衡。这通常是对人的性格和行事风格的形容，而严宽相济，则是对行事方法和处世标准的形容。

孔子曾经对他人倾诉自己的遭遇：有人设计了陷阱来害他，他不懂得逃避，也不能躲开他人设下的网套，最终陷了进去，深受其害。从这方面看，孔子似乎称不上有大智慧，但孔子的儒家思想历经千年而不衰，历朝统治者无不将其奉为圭臬，顶礼膜拜，这又说明他是拥有大智慧的圣人。的确，在孔子周游列国的过程中，多次被人用强硬的手段威逼迫害，但秉持着救世救民的目的，他即便知道是陷阱，也心甘情愿地跳下去，最终将儒家思想推广开来，成为后代统治者经世济人的准则和宝典。

佛道有云：我不入地狱谁入地狱。孔子正是带着这种想法，毅然走进那些人为他设下的“地狱”，将一代哲学、教育理念传遍了中原大地。从人性中趋利避害的方面来看，孔子的确不够精明，但正是遵从内心的严宽准则，才使得他的学说显得更有力，这种对自我严格要求的行为，以生命为代价的付出，让他的学说更有震撼力，正中人们的内心。

严宽相济，张弛有度

日本的职场心理大师内藤谊人在书中提到：“生活就像是一场场头脑的较量。只要你的意见与别人不一致，不管对方是你的家人、朋友、同事，还是你的部下、上司、客户，或者你说服对方，或者对方说服你。攻心说服力就是你最有用的聪明。”在现实生活中，管理者把握严宽相济的攻心术，用于亲近亲朋、管理员工，是代价最小、收获最大的方法。

以自身的人格魅力为支撑，用张弛有度的技巧来进行管理，运用严宽相济的攻心术，就会有一个较大的收获。

三国时期的诸葛亮，足智多谋，运筹帷幄，运用“攻心为上，攻城为下，心战为上，兵战为下”的策略，指挥军队擒获南蛮王孟获，前前后后七次使计，火攻、下药、武力等方方面面的全面打击，直到孟获心服口服，从此投靠蜀军。

诸葛亮对自己的谋划很有信心，又找到了南蛮王孟获有勇无谋的弱点，抓住这一点，在计谋上用力的攻击，直至其崩溃，是为严。在这期间对孟获无理的要求和行动非常宽容，没有丝毫的不满，是为宽。如此严宽相济的攻心计，可称完美了。

过于严苛和过于宽松的管理都是有缺陷的。过于严苛，会失去自由活动的空间，让生活和工作变得死板、无趣；而过于宽松，就会出现精神上的懈怠情绪，失去上进心，让人变得懒散、萎靡。一个严宽相济的管理者，会善于“攻心”和“工心”。这里的“工心”是指对心灵的建设。如果能够很好地“攻占”他人内心的话，那么首要的工作就是要带领他建设新的心理世界。适当的严格和宽松都不失为一个好的选择。

张小平在《演讲与口才》第七期中发表的文章中，以一件发生在自己身上的事情为例，说明“宽严并济”的力量。他作为外国游客，携带了违禁物品和需要补交关税的商品，一名女安检员先向他说明了法律上的条文规定，态度十分严厉，然后帮他兑换货币，补交了相应的关税，显得既热心，又和蔼可亲。这种严宽相济的态度，不仅化解了不同国家的文化及法律冲突，也让人心里感觉温暖，不仅没有不满，反而产生了敬佩。正如作者所说：“严让她显得沉稳而可敬，而宽则让她显得友善而可亲。”这位安检工作人员的严宽并济，可以说是轻而易举地攻破了人心的防备。

子曰：“天下国家可均也，爵禄可辞也，白刃可蹈也，中庸不可能也。”家国天下中政治管理的学问最难，南怀瑾先生认为，政治管理之所以难，就因为难以做到均衡。孙中山提出三民主义思想，平均地权，平均资本，就是试图达到一种均衡，让百姓所享受的福利平等均匀，体现了一种管理家国的中庸之道。社会生活中管理者众多，每个管理者都应该有适应自己权限范围的管理方法。作为管理者，把握严宽之度，维持工作的平衡是至关重要的。

以中庸的理念来平衡和制约正反双方之间的关系，是自古至今一直都推崇的方法。这就是中庸的现实作用。

时中而立，摆正自身

能够做到和而不流，真正够得上真正的强。

——南怀瑾

每一个人都是不同的。人与人之间的不同不仅仅表现在外貌和衣着上，更重要的是内心是否独立和强大。人格上的坚韧是自我的修养，与其衣着华丽，不如内心卓尔不凡；相比喉咙中发出的声音来说，内心的呐喊更引人深思。

南怀瑾先生认为，真正的强者也许是“泯然众人”，也许“大隐隐于朝”，但是从处世为人的视角来看，他们通常都能够保持自身的正位，和而不流，又能独善其身。尤其是作为一名管理者，虽然要平易近人，跟众人打成一片，但在思想和人格上却要保持独立，不偏不倚，摆正自身。

和而不流，立而不俗

《道德经》中提到一种君子之像：“挫其锐，解其纷，和其光，同其尘；是谓玄同。”也就是老子所提倡的“不露锋芒，消解纷争，混居在众人之中”。君子可以适应变化，融入变化，但是又在变化中保持一份气节和立场，不与世俗同流合污。

唐代徐有功在做官时期，正值武则天当政，当时国家酷吏、奸臣当道，徐有功作为一名专司审案的官吏，虽然在朝廷地位极低，但仍然严格守法，敢于直谏，一身正气，平反了成千上万例的冤案，匡正的著名大案有六七百件，拯救了多达数万人的性命。他因正直判案得罪朝中大臣、皇亲国戚、富豪名流，屡次遭到陷害和弹劾，但反对者找不到他贪赃枉法的证据，所以徐有功三次被控死罪，三次被无罪释放，两次被罢官又两次复位。尽管一生的为官道路坎坷崎岖，但徐有功仍然持志不渝，执法守正，成为历史上罕见的正义“法官”，被人誉为“自古无有”的清官。

徐有功的处世方法就是和而不流，他身在官场，遵守官场的一系列规则。他做司刑寺官员的时候，跟一众同僚相处融洽，是一个温和可亲的人。但同时，他不认同朝廷官场结党营私的风气，也不愿意跟贪赃枉法者同流合污。他对自己身负的责任十分看重，作为一名“法官”，凡是他经手的案子，绝不让一人冤死受屈。即便得罪权贵，屡次被诬陷被罢官，仍然摆正自身，持中而立，不偏不倚，坚持依照国家法律做正义之事。他无法改变世俗，但可以远离污浊，独善其身。生活在俗世中，混居在大众中，也能出淤泥而不染。

真正的和而不流是很难做到的。不仅要有坚定的心立足于波涛之中，还要有宽广的胸怀来接纳、包容不同的意见。《中庸》记载：“故君子和而不流，强哉矫！中立而不倚，强哉矫。”也就是说，君子与人平和相处，而又不丧失自己的原则立场，这才是真正的强大。国家政局混乱，社会动荡不安，至死也不改变自己的道德节操。南怀瑾先生也说：“此所谓真正强。一个人做到如此，真正是大丈夫顶天立地。”

此外，作为一名管理者，想要做到和而不流，不仅需要强大的信念，还需要有充足的学识来明辨是非，才能立好“和”的根基。

随波逐流，不如逆流而上

南怀瑾先生在讲解《中庸》时提到：“孟子说：无敌国外患者，国恒亡。一个社会没有别的刺激了，人的享福惰性来了，是非常糟糕的事。”现实生活也是如此，平静的生活磨灭了斗志，滋长了惰性，很难让人充满激情。

如今的社会知识普及度高，人们的个性思维也强，对于“强”的概念有着很多解释，但是，没有人会否认内心强大的强者。

时代变了，人也在发生改变。生活变得残酷了，于是人变得更现实了。很多管理者目光短浅，只注重眼前的现实和利益。身处当前这个时代中，我们很难摆脱时代赋予的缺点，但管理者应该做的是，努力去找一个立足点，摆正自身，坚持本心，逆流而上，寻到机会追逐更远的未来。

明朝的海瑞在青年时期，对当时出现的社会问题十分关注，当他考上科举，在户部任职的时候，嘉靖帝昏庸无道，耗尽国库财力求仙建坛，重用奸佞小人。虽然海瑞只是一个六品小官，但也为国家的兴亡日夜担忧。朝中的官员大多都随波逐流，不敢进谏皇帝，但海瑞却逆流而上，抱着必死的决心毅然上疏。该疏被后人称作《治安疏》，即历史上有名的“直言天下第一事疏”。奏疏呈给嘉靖皇帝之后，海瑞被罢官打入监狱，一直到嘉靖驾崩，才得以获释，不仅官复原职，此后一路升迁，最终成为明代官场的中流砥柱。

在那个时代，海瑞是真正的强者，也是一名合格的管理者。即使他身处漩涡之中，备受轻蔑和冷眼，也不忘尽自己所能，尝试扭转乾坤，坚守为国为民的正义之道。他将自己放在与国家共存亡的位置上，竭尽所能地散发热量。既然获得了做官的权利，就终其一生为之担负起责任。所以海瑞在朝中一生刚正不阿，严肃法纪，历经嘉靖、隆庆、万历三朝，多次冒死进谏，除暴安良，维护百姓，成为历史上著名的清官之一。

南怀瑾先生说过：“国家政治清明的时候，不改变自己未做官前的操守，在富贵中，假使一个人得意了，能够不忘本，还是书生本色，英雄本色；国家政治黑暗，一个社会到达紊乱的时候，一个时代到达紊乱的时候，自己有人格思想的中心，自己站得非常端正至死而不变，这个才是真正的强。”

因此，在动荡的环境下，一个优秀的管理者不与众人一同随波逐流，而是尽力逆流而上，保持自我本色，坚守持中的信念，担负起自己的责任，有所为有所不为，这才是真正的强者，真正履行了中庸之道。

深谋远虑，遵道而行

欲功成，立志于坚，从业于德。

——南怀瑾

著名的法家代表人物韩非子曾说：“天下之难事，必做于易。天下之大事，必做于细。”世上之事，变幻无常，但事事又有其固有的规律。南怀瑾先生认为，做事欲望成，必于先做足准备。深谋远虑，方可万事全备。遵道而行事，必是财义双得。

人无远虑，必有近忧

子曰：“人无远虑，必有近忧。”这是一种因果循环的道理。今日忧愁的“果”，是昨日的“因”所导致。过去做的一些决定如果不正确，就会造成如今的苦果。也就是说，现在面临的种种问题，是由于以前没有深思熟虑的结果；同样，如果今天的行为未经深思熟虑，未来的某一天必会深受其害。所以，这句话除了提醒领导者要深谋远虑，还指出一个要点：大到国家，小到一个团体，凡在管理上出现坏的结果，必是自作自受，这是每个领导者都要有的认知。除了警惕自己，要对今日的事深思熟虑之外，还应该对将来进行打算，即所谓的深谋远虑。

有两个县城坐落在河边，每年汛期的时候，河水泛滥，都会威胁城中百姓的安危。东城的县令带领百姓抗洪抢险，奋战几个昼夜，损失极为严重，但汛期过后，城中百姓忘记了水灾，又恢复安逸生活。西城的县令则是带领百姓修建堤坝，挖通沟渠，经常派人巡查河床的状况，等到汛期来临，百姓丝毫不受影响，仍然能正常生活。西城县令就是一个深谋远虑的人，他知道人无远虑，必有近忧，作为一名领导者，要有长远的打算，为百姓谋福利。

这个故事虽然普通，但是足以证明，对于相同的事情，有长远打算和没有打算，将会产生不一样的结果。成功的人之所以能够成功，就是因为他们知道，哪怕一件很小的事情，也可以从中想到大处和远处。一个人如果没有长久的考量，安于眼前的现状，不为未来考虑，那么在前行的道路上就会遇到更多的障碍。一个人遇到事情，首先要学会思考谋划，经过深思熟虑再做出决定。

南怀瑾先生认为，当人对未来有了正确预判和见解，做事也就将变得更加谨慎，不会因为遇到困难就产生消极的态度，而是变得更加积极主动、勇往直前，成功永远只属于有准备的人。

以道为尊，与世无争

老子把人类遇到的各类矛盾总结成道与无道的矛盾。对于精于中庸之道的管理者来说，道与无道的存在和关系，都是相对的。老子让人们过一种“为无为，事无事，味无味”的生活，这种相对存在的生活指的是遵循道，远离非道；任自然，无妄为。具体而言，就是指无欲、无技、不争，意思是要通过闻、思、修、证、行实践道。

南怀瑾先生曾讲到，圣人不但是得道之人，同时是遵道而治理天下与民众的人，是道与民众之间的中介。人们在生活中不要只顾利益而轻道义，只在乎金钱而失去自己的良心。南怀瑾说：“对于金钱可以取之有道，但不可以巧取豪夺。”做人也要“遵道而行”，致力于“立言、立心、立身”。

道，就是规律、程序的意思，遵道而行，就是遵守规律、程序。两个人一块做生意，如果不遵守规矩，那么最终不会有好的结果。只有遵守规律，以市场的准则为主线去办事情，才能够达到真正的双赢，将事情谈妥。

有这样一个小故事，一个村子遭受大灾害，生活条件非常艰苦，村里人用仅剩的粮食做了一块大饼，然后出现了一个问题，这块饼该怎么分，因为大家都是想多吃一点。一群人开始研究办法，但到了最后也没有分配好。

这时一个人站了出来说：“我来给大家分，为了公平起见，我最后一个吃饼。”大家想不出别的办法，就让他来分，这人尽量做到平均分配，每个人都拿到自己想要的一块饼。而作为最后一个吃饼的人，分饼的这个人一定获得的最少。

这个人做事的时候同时遵循了规律和道义，按照规律去办事，做到平均分配。自己不偏向某个人，自己最后一个吃饼，也未曾多占一点，遵循了道义。这样的结果皆大欢喜，每个人都很满意。如果他选择第一个吃饼，那么只要有一点分的不均匀，就会遭受别人的批评和反感。

南怀瑾先生说，谋于身而得财，遵于道而得义。按照事物的自身规律去发展，遵循道义来处事，如果真正的做到这两条，就是达到一种极高的境界。再去做事将更加顺畅，很多问题也将迎刃而解。

因势导利，采取太极策略

审时度势，因势而为，注意全方位关系。

——南怀瑾

南怀瑾先生认为，势，是气势、气场。如果一个人在社会交往中没有一点气势，没有气场，没有一点主见，那也很难做成事情，这是众所周知的道理。当然势还有一种客观的存在，就是事情发展的形势，人在处理问题中，必须对这个势有极其清晰的把握。

南怀瑾先生认为，为人处事要同打太极一样，圆滑且不失分寸。与他人接触，无论何处，都是一个球的一个点，势大则走，势小则碾，由点及面。这就是势的应用。

因势而为，事倍功半

一个人不论如何都不可以失势，只有“有势”，才可以让事情顺着自己的心迹发展。但是对于势的把握要极其精细，得势则是自己最佳的时机，但这样的机会并不是时刻都有的，需要自己准确把握。如若得势，那么顺势而为，必然事半功倍。

成语“因势利导”源于孙膑所说的“善战者因其势而利导之”。“因”是顺着、按照；“势”是趋势；“导”是引导。整个成语的意思是要顺着事物发展的趋势和规律来很好地加以引导。

庞涓与孙膑都师从鬼谷子，庞涓受到利益诱惑下山，为魏王办事。下山后，征服了周围小国以及齐国，得到赏识。后来，魏惠王也听到孙膑的名声，邀请孙膑出山为他服务。但是，孙膑被庞涓诬陷为卖国贼。魏惠王十分恼怒，治了孙膑的罪，并在他的脸上刺了字，还剜掉了他的两块膝盖骨。后来孙膑被齐国使者所救，到齐国后，他深受齐王的信任，被任命为军师。

有一次，魏国派庞涓与赵国一起进攻韩国，韩国向齐国求救。齐王派田忌为将军，孙膑为军师，去救韩国。孙膑对田忌说："现在魏国把精锐的兵力都拿去攻韩国，国内大多是些老弱残兵，十分空虚。咱们不如去攻魏国大梁。庞涓听到了，一定要放弃邯郸回撤。我们在半道上等着，守株待兔。"

果然，庞涓得到本国的告急文书，只好撤军，这时齐国的兵马已经越过魏国边境了。孙膑见庞涓被引诱回来，对田忌说："善战者因其势而利导之。"大意是魏国军队强悍，看不起齐国，总以为咱们的军队胆子小。善于指挥作战的人就要顺着这一趋势往有利的方面来引导。于是，孙膑建议假装败退，采用逐日减灶的计策，好让敌人产生误解。田忌命令部队修灶做饭，第一天修十万个灶，第二天修五万个灶，第三天减少到三万个灶。

魏军发动进攻，齐军却撤退，庞涓一路走过看到留下的灶火，笑着说："我早知道齐军都是胆小鬼。十万大军到了魏国，才三天工夫，就逃散了一大半。"他吩咐魏军没日没夜地按着齐国军队走过的路线追上去。

孙膑让人埋伏在马陵，果然，庞涓在夜里赶到了马陵。这时齐军万箭齐发，魏军大乱。庞涓这时才知中了圈套，走投无路，只好自杀了。

孙膑很好地利用了自己的势，对于势的把握也是极其精细。知道什么时候是最佳时机，要么不出手，一出手则是一招制敌。顺势而为，如同江水滔滔，溃于一点，顺势而下，吞星揽月，势不可挡。这就是顺势而为的威力。

立于本身，商场上的太极

南怀瑾先生认为，无论何时何地，做人做事都必须有自己的一套准则。商场也好，官场也罢，一个善于审时度势的人必定会更加受欢迎，也更容易取得成功。南怀瑾先生认为，了解一些太极思维，做事情也会更加游刃有余，减少其他的影响。所谓太极思维，就是办事情如同打太极拳一样，考虑情况要全面。看问题不能只看到好的一面，还要看到坏的一面，以及好坏是否可以转换的一面，做足充分的准备。要学会如何去变通，太极来自于周易，而周易所倡导的就是变通，变通同样属于太极的精髓，懂得如何借人、借势、借力。同时太极还要求解决问题的手段要刚柔相济，懂得把握好度。

按图索骥的故事大家或许都非常熟悉。秦国有一个人名叫孙阳，他有一个比较特殊的本领，那就是一眼就可以分辨出这匹马到底是好马还是坏马，慢慢地人们都称他为“伯乐”。他想将自己的这一个技术流传下去，就将各种类型的马画出来，并且标明各自的特性，这本书叫作《相马经》。伯乐虽然非常聪慧，但是他的儿子却有些傻，他将父亲的《相马经》背得滚瓜烂熟，但是却未曾用过心，可还是觉得自己已经拥有了看马的本事。有一天，伯乐的儿子看到一只癞蛤蟆。癞蛤蟆的一系列动作立刻引出了他脑子里面的东西：眼睛瞪得大大的，额头隆起，长有四只大脚掌，这就是好马的标配。于是，他将癞蛤蟆抓回了家，对伯乐说：“看，我找到了一匹好马。”伯乐心中不知是何滋味，摇摇头回答说：“你这马的确好，就是太喜欢跳了。”

一个人在做事的时候如果不擅于变通，只是一味地遵照惯例，就会酿成悲剧。伯乐儿子守着那么好的资源，只是一味地死记硬背，却没有去实际经历一番，这就导致了最后连马是什么样都不知道了。这也要求我们在管理工人的时候，也要做到变通，不能仅仅以公司的规章制度为依据。

顺势而为，就是在对自己有利的情况下，要主动去做。同时太极思维还让我们学会如何去面对困境，当自己陷入困境的时候，我们要考虑到太极思维的主旨思想，就是要学会变通，借势、借力，化逆境为顺境。南怀瑾先生说：“势，为己利，顺其而为之。逆，并非害，亦可借之。”这就是要求我们正确对待自己的逆顺两境地，借势、借力，学会变通去做事为人。

天地之道，刚柔相济

所谓中庸，就是刚柔并济，收发由心，大可吞吐天地，包罗宇宙，小可隐于山野，藏拙于闹市间。

——南怀瑾

《易》曰:“天地之道，贞观也。”天地之道，也就是天地间万事万物的发展有其客观规律，这规律就是“正”。宋朝朱熹这样解释这句话:“贞，正也；观，示也。‘贞观’以正示人也。”南怀瑾先生认为这句话意思就是指示人们按照社会自然发展规律去做事。作为一名管理者，只要遵循客观事物的发展规律，发挥主观能动性，与本行业的自然规则谐调发展，就等于成功了一半。

曾国藩曾说:“近来见着天地之道，刚柔互用，不可偏废，太柔则靡，太刚则折。刚非暴虐之谓也，强矫而已；柔非卑弱之谓也，谦退而已。”意思是说，做事时要遵循天地之规律，而且将刚柔的技巧融贯其中。刚与柔不管哪一个都不可以忽视，过于偏袒一方，就会造成能量的失衡。管理者做事态度太过刚硬，就会惹人反感，但是如果管理手段太过柔和，又容易没有威慑力，很难取得良好的效果。因此，在管理的过程中，应该刚柔相济，其中的度要拿捏得恰到好处。

天地共道，阴阳相合

南怀瑾先生认为，天地之道指阴阳二物，天为乾卦则是阳，地为坤卦则是阴。阴阳对应太极，太极则是刚柔相结合。天地之道则与刚柔相济并而为一，其道理都是相同的。刚柔相济要求管理者要懂得如何做事，如何施展管理才能。诸葛亮在刚柔并济上很有研究，他作为一代名相，帮助蜀国打下江山，其中便是很好地运用了刚柔之术。

当时，刘备死于白帝城，李严与诸葛亮一同受命为辅政大臣，他在蜀国的地位仅次于诸葛亮。诸葛亮第四次北伐时，李严负责后勤工作。当军粮不济时，李严给诸葛亮写信，要求诸葛亮撤军；事后李严文过饰非，推卸责任。诸葛亮揭露了李严的两面派手法和违法失职的行为，并表奏后主，废李严为平民。诸葛亮在“威之以法”的同时，还强调了“服罪输情者虽重必释”的原则。他在给李严之子李丰的信中，追述了与他们父子的友好关系，希望李丰能宽慰其父。李丰当时在相府任职，诸葛亮还勉励他要与同事搞好关系。诸葛亮对李丰的信任一如既往。诸葛亮把“威之以法”与“服罪输情”结合到一起，这就必能增强法的效应，使作奸犯科者伏法，心悦诚服地思悔改过。

诸葛亮对李严所用的就是刚柔并济之策，一面对于李严的行为严惩不贷，一面对于他的儿子李丰则做相应的提拔。不但解决了问题，同时还没有引起任何内部的动乱，整个大局在他的手里愈发牢固。最后李严对他不仅没有产生反感，反而更加崇拜尊重。而后诸葛亮在很多蜀国的将军、臣子中的威望也提高了。这就是管理者刚柔相交的精妙之处，不但能解决问题，而且合乎情理，让手下人心服口服。

柔似水，刚如火，噬万物于无形

老子主张柔，认为柔可以怀山襄岭，能够磨铁消铜。在老子看来，水是柔的代表。水能够容纳百川，吞噬万物。在一个温柔的人面前，很难有人能够真正地威严起来。水是柔的，能够滋养万物，可以灌溉田地。柔也是在无形无迹之间慢慢地进行渗透，有如千里之堤溃于蚁穴。小小的蚁穴看起来并不起眼，但是如果有一天遍布了大堤，那么这时柔的威力就彻底发挥了出来，大堤会瞬间崩塌。

1643 年皇太极病死，其第九子福临继位。福临为皇太极与孝庄所生，其时年幼，因而保住福临的皇位就成了母亲孝庄皇太后的终生使命。但由于当时多尔衮的权势异常强大，被任命为摄政王处理朝政，并时有觊觎之心，使得福临的地位摇摇欲坠。

在福临还未长大成人时，孝庄皇太后首先考虑的是如何保全儿子的性命。经过一番分析，孝庄皇太后最终做出抉择：只有以嫂子之身下嫁小叔多尔衮，才能牵制此事。于是为了对付面临的危局，保护皇权不至旁落，孝庄皇太后以自己的风情和柔媚向多尔衮展开进攻。以孝庄皇太后的美貌，多尔衮实难拒绝，于是，二人终结为秦晋之好。多尔衮被控制在孝庄皇太后手中，纵有篡位野心，也慑于压力和孝庄皇太后的监视而无法有过分的行动。

而福临渐渐长大成人，身边有了自己的心腹，培养起了自己的势力。为了彻底消除身边的隐患，孝庄皇太后终于不顾与多尔衮多年的夫妻情分，派人将他杀死。这样刚硬的、直接的杀伐手段，震慑了很多人。至此，迎来了顺治帝长达十一年的统治时期。

孝庄皇后虽身为一名女性，但是她的智谋足以和前代唐朝的武则天所媲美。利用女人的柔的一面保住了政权，同时使用不属于自己的刚的一面，果断的杀伐，恐吓住了那些有异心的人，进一步巩固了政权。刚柔融汇于一身，就是集水火于一体。水火之威，又有何物可挡。

南怀瑾先生认为，做事手法应该是，刚中有柔，柔中带刚，相融相化。对于管理者而言，柔可以迷惑对方，刚又可以压制对方，刚柔并用，会让对方难以捉摸其中的意味，既不会强硬抵制，也不会生出逆心。如此一来，下面的事才可能顺利进行，无所阻碍。因此南怀瑾先生说，柔，就如同是打太极一样，利用自己柔的一面去化解对方的拳势，让人失去目标，无形之中把对方的力量消耗干净。刚，就好似是一柄大锤，狠狠地砸在人心上，一锤锤让人没有喘息，直至其折服。

刚与柔，就是对人心理的把握，这也是中庸之道所提倡的，是利用人的心理去管理人，去控制人。

无信不立，威望源于以德服人

凡是以道德来服人的，是使别人内心高兴、心甘情愿去服从他，这就是王道。

——南怀瑾

《论语》写道：子贡问政。子曰："足食，足兵，民信之矣。"子贡曰："必不得已而去，于斯三者何先？"曰："去兵。"子贡曰："必不得已而去。于斯二者何先？"曰："去食。自古皆有死，民无信不立。"从孔子与子贡的对话中可以看出，孔子认为治国之道最重要的在于统治者要立信于民，只有人民能够充分相信自己的君主，这个君主的治国之道才能顺利施行。

在南怀瑾先生看来，立信于人不仅适用于治国之中，也适用于为人处世和企业管理之中。管理者在管理企业时做到言而有信，立信于人，则会得到更多人的追随。管理者若总是出尔反尔，就会失去员工的信任，企业也会走向衰落。所以，用德行来使人信服，才是最长久的治理之法。

大道惟诚，无信不立

诚信，即诚实守信的意思。《说文解字》中是这样说的："诚，信也。信，诚也。"由此可见，诚和信的意思是一样的。春秋时代齐国名相管仲曾提出"中情信诚则名誉美矣"，"贤者诚信以仁之"，"先王贵诚信。诚信者，天下之结也"。在他看来，要想让天下人的心凝聚在一起，首先是要让大家的精神信念凝聚起来，而诚信则是让大家团结一致最好的办法。

周幽王是一个十分残暴的昏君，常常为了达到自己的目的不惜任何代价。在他的后宫有一位叫褒姒的妃子，“眉清目秀，齿白唇红，花容月貌，倾国倾城”，周幽王非常宠幸她。

可是，尽管褒姒非常美丽，却从来不曾露出笑颜。为了博美人一笑，周幽王便发出命令，谁能想出办法让褒姒一笑，便赏他金子千斤。这时，有人献上了一条计谋。

那天傍晚，周幽王把褒姒带到城楼之上，命人点燃烽火。不久，离得近的诸侯看到烽火后，以为西戎攻打过来，率领士兵前往城下救援，却未曾见到敌军。经过打听，方才知道这不过是周幽王为博美人一笑做的荒唐事。看到各诸侯狼狈不堪，却又敢怒不敢言的样子，褒姒果然微微笑了一下。

然而，过了没多久，西戎真的攻打过来时，城墙上再次点起烽火，诸侯却以为这又是周幽王是故计重施，便没有赶去救援。最终，西戎攻破了都城，周幽王被杀，西周灭亡了。

南怀瑾先生也曾讲到，诚信是人生在世的立足之本，其理念更是企业能否生存的根本所在，我们常说儒家讲究的是“正心、修身、齐家、治国、平天下”，而做到这些的先决条件就是诚信。诚以待人，立信于人，才能够让企业在某一领域中立足，这是每个管理者在经营企业时必须遵守的，这样才能让企业有更长远的发展。

德行有修才能使人信服

《孟子·公孙丑上》中说道：“以力服人者，非心服也，力不赡也；以德服人者，中心悦而诚服也，如七十子之服孔子也。”这段话的意思是，用武力使他人服从的人，并不能让人完全服从，不过是因为力量弱罢了；以德行使人归服，那才是真心诚意的服从，就如同孔子的七十弟子服从他一样。德行并没有实际存在的实体，而是无形中的一种力量。管理者如果能够做到以德服人，那么他的员工也会在其影响下，自发地对自己有同样的要求，尽职尽责地做好自己的工作。

三国时期的曹操是个非常有雄才大略的人。一次，曹操带兵去打仗，正赶上收麦子的季节。因为害怕士兵，沿途的百姓都躲了起来，不敢去收割小麦。曹操听说这件事后，立刻下令，让所有的士兵不能踩踏麦田，如有犯者，立刻斩首。不仅如此，他还派人挨家挨户告知那些村民，让他们放心出来收麦子。得知消息后，村民都出来了，纷纷赞颂曹丞相的美德。然而，这时候，一只突然过来的飞鸟惊了曹操的马，马一下子就冲进了麦田里，大片的麦子都被踩坏了。看到这个情形，曹操立即要求官员治自己的罪行。官员不肯，说道："我不能给丞相治罪啊！"

曹操说道："我自己下的命令，自己却违背的话，那么谁还会听从我的命令呢？如果连我自己都是一个不守信的人，我的士兵怎么能听从我的号令呢？"

说完，曹操就要拔剑自刎，却被众人赶忙拦了下来。于是，曹操削掉自己的一缕头发，以示惩戒。从此，三军流传着这样一段话：丞相踩踏麦田，罪应当斩，因其肩负天下重任，故削发替罪。这就是后世流传很广的曹操削发的故事。

南怀瑾先生说过，德行能够给人带来一种信任感，更能让人产生一种好的预期和荣誉感。故而，我们即使看不见也摸不着它，却能够感觉到它的存在，并能受到影响，更好地管理自己的员工。《大学》开篇的第一话是，"大学之道，在明明德。"正如曹操在士兵中德行的树立，明德可以让人对你产生更多的信任，威严也由此而来。可见"德"是属于"大"的知识与学问。在这里，"大"指的是管理者的心胸，指的是管理者的目标，指的是管理者在实践中的理念。

第五章

南怀瑾谈自我教育

慎思之，明辨之，笃行之

中庸是传统儒家提升自我修养的有效方法，以培养个人重视伦理道德，明确人生的五伦关系为宗旨。中庸也是一种“权变”智慧，所谓“权”，即权衡把握事物的关键，“变”则是“时中”，与时俱进。“权变”智慧使人在行为处事时“慎思之，明辨之，笃行之”，遇到困难险阻时“执其两端取其中”，从而获得制胜之法。

诚于内，信于外

只有老实人最可爱，讲道德的人才是最可爱，最后的成功还是属于真诚的人，这是千古不移的道理。

——南怀瑾

《中庸》有言：“诚于内，信于外。”足以可见作为儒家经典之一的《中庸》是极为推崇诚信的，认为作为一个人最基本的美德就是诚信。“诚于内，信于外。”这句话无非是要告诉我们，只有我们内心真诚，才能获得外界的信任。

无独有偶，在儒家经典《大学》中，也有关于对诚信的描述：“所谓诚其意者，毋自欺也。如恶恶臭，如好好色，此之谓自慊，故君子必慎其独也。”这句话的大致意思：所谓的诚意，就是不欺骗自己的内心。就好像每个人都讨厌丑恶，喜爱美好，这是同样的道理。所以君子即便在独处的时候，也是谦恭有礼，坚守住自己的德行。

诚于内，信于外

《中庸》有言：“是故君子戒慎乎其所不睹，恐惧乎其所不闻。莫见乎隐，莫显乎微，故君子慎其独也。”意思是说，越在没有他人的情况下，君子越要谨慎，越是要严格要求自己，做到诚信。

《中庸》和《大学》这两本经典为什么都如此强调“君子慎独”？原因很简单，因为每个人唯一无法欺骗的就是自己。每当自己做了什么恶事，或者欺骗了他人，言行不一时，自己的内心最清楚。不要认为在没有人的情况下，就可以为所欲为，不用做到诚信待人。因为这些细小甚微的事情，在他人看来不容易被发现，但是自己却心知肚明，一目了然，欺骗他人以后，往往会受到良心的谴责，这远比他人的谴责更让人心有负担，心怀愧疚。这正是“莫见乎隐，莫显乎微”所要表达的意思。

那么如何做到“诚于内”呢？那就是“慎独”。《中庸》一书中，多次提到这个词语，意思就是，即使在没有人监督的情况下，也要严格地约束自己，不做出任何不符合道德礼仪的行为。这样才能有效地保证诚于内心，不欺骗自己，从而达到“信于外”。

诚信的重要性

孔子有言：“民无信不立。”商人经商讲究“童叟无欺”，君子为人讲究“言而有信”。南怀瑾先生说：“最后的成功还是属于真诚的。”足以可见，诚信的重要性。

在《史记·季布栾布列传》中有这样一段故事。秦朝末年，楚地有一个叫作季布的人，生性耿直，为人仗义，助人为乐。凡是他答应的事情，无论有多困难，都会兑现承诺，广受赞扬。在楚地流传着“得黄金百斤，不如得季布一诺”这样的谚语。正因为季布严守信义，使各路英雄豪杰都愿意跟他结交，因此他的朋友也遍布天下。

在楚汉相争时期，季布曾是项羽的部下，几次献策献计，使刘邦的军队吃了败仗。后来项羽自刎身亡，刘邦当了皇帝，每每想起此事，便气愤不已，于是下令通缉季布，重金悬赏他的人头。季布有一些旧友在朝中为官，知道这个消息之后，非但没有被重金所惑，反而冒着诛灭九族的危险来保护他，坚决不肯说出他的藏身之处。后来，季布的朋友们还到洛阳去，找到刘邦的老朋友汝阴侯夏侯婴来说情。最后，在夏侯婴的劝说下，刘邦才撤消了对季布的通缉令，并且招揽季布，封他做了郎中，不久又升任河东太守。

倘若季布不是在为人处世中恪守诚信，那么在后来的危难之中，又有谁愿意相信他、帮助他，不顾危险保护他呢？因此，唯有诚信，方能立世。诚信是一个人生存于世的立足根本，对一个人的前途和命运也有至关重要的作用。“诚于内，信于外”，是中庸之道的要求和体现，也是君子修身养德的重要目标。

高远之道，回归平常

要做到真正的平凡，在任何位置上，在任何环境中，就是那么平实，那么平凡，才是对的。

——南怀瑾

“中庸者，不偏不倚，无过不及而平常之理也。”这句话的意思是中庸之人，不偏袒，不过度，只是按照平常的道理行事。也就是说回归平常的方法，便是恪守中庸之道，做一个平凡的人。

南怀瑾先生曾说：“万物有理，大道至简。”世间的万事万物，都是有一定道理的。如果有一件事我们无法理解，只能说明我们的智慧不够，经验不足，无法找出或者明白它的原理。而当我们真正地找到了它的原理以后，我们就会发现万事万物的道理原来如此简单，如此平凡。而高远之道与回归平常则有异曲同工之妙，因为不管是再过高深玄妙的道理，最终只要被我们掌握以后便会回归平常。

平常即道法自然

《道德经》中有言：“人法地，地法天，天法道，道法自然。”道就是自然而然，不加修饰。道法自然，是指道效法或者说遵循自然，即世间一切事物的运行法则都是遵循自然规律的。而道不仅有自然之道，还有社会之道和人为之道，也就是我们人的行为和自身修养的道。

明人姚士麟的《见只编》记载："海忠介有五岁女，方啖饵，忠介问饵从谁与？女答曰：僮某。忠介怒曰：女子岂容漫受僮饵？非吾女也，能即饿死，方称吾女。女即涕泣不饮啖。家人百计进食，卒拒之，七日而死。"大意是说，有一天，海瑞看见他五岁的女儿正好在吃一个点心，于是便问糕饼是谁给的，女儿诚实地回答是某个仆人给的。海瑞当即大怒，训斥女儿说："女子怎么能随便接受男仆的点心？你根本不是我的女儿！除非你能饿死，才能算我的女儿！"年仅五岁的小女儿便因此吓得啼哭不止，不论家中其他人怎么哄劝她，她也不肯吃饭，不肯喝水，最后在七天之后饿死了。

首先，我们不要单纯地从道德的角度去抨击海瑞，因为这个女孩的悲剧不仅是海瑞造成的，与当时的时代背景和社会思想也又密不可分的关系。我们只是通过这个故事来叙述关于如何修身养性的问题。

单单从海瑞的做法来看，他是为了遵循当时男女大防而选择让自己的女儿饿死，他坚持了自己的道德准则，似乎被没有错。但是在今天，我们都觉得他是错的，为什么呢？因为他太过偏激，不符合中庸之道。

孔子一个最重要的思想理论是"以仁为本"，这里的"仁"不仅指"仁义道德"，还有"人"，也就是说人是整个社会、整个国家最重要的。而海瑞虽然坚持了道德准则，却忽视了真正的重点在于"仁"，失去了这一点，所谓的"道"没有什么意义了。

许多人都是这样，为了追求高尚而"高尚"。追求高尚的品德，难道就要像凤凰一样，非梧桐不居、非竹不食、非灵泉不饮吗？非得远离红尘闹市，寻一处僻静幽深之处居住，不沾染世俗？并非如此，我国有句古话叫"大隐隐于市"。也就是说，真正的道德修养，并非什么孤高清傲之举。不是一定要找一处僻静的深山隐居，一定要居住在有竹子的地方，一定要与白鹤为伴，一定要远离红尘。真正的修养是即使面对世间污浊，仍然能够坚持本心，而不是一味逃避远离，而是应该回归平常，持中庸之道，不偏不倚，无过不及。在日常生活中，做好每一件应该做的事情，做好每一件自己认为对的事情，也就是孔子所言的“从心所欲不逾矩”，做到真正的平常心。

高远之道，回归平常

佛家有名的人生三境界：“看山是山，看水是水；看山不是山，看水不是水；看山还是山，看水还是水。”正好呼应了高远之道，回归平常。

首先第一重境界，“看山是山，看水是水”。人生之处，一切都是纯真的、直观的、毫无虚假的。因为人世间的一切都是新奇的、未知的，因此在人生之初，我们往往看到什么就是什么。人生如此，而我们的品德修养也是如此，每个人一开始都是一张白纸，在没有经过晕染和描画之前，一切都是洁白无瑕的，黑即黑，白即白，一切都是纯净的。

然后是第二重境界，“看山不是山，看水不是水”。在经历了第一阶段之后，我们开始慢慢融入世俗红尘之中，然后逐渐因为身边的云雾而看不清身边的景色，世界不再是最初的纯净无暇的世界。随着年龄和阅历的增长，红尘之中各种各样的诱惑和丑恶逐渐显露，模糊不清的世界仿佛被欲望和虚伪充斥着，我们的目光不再纯真，我们看到的山不再是山，水不再是水。而我们在自我修养上也是如此，在面对红尘中各式各样的诱惑和潜规则后，看着无数的虚伪和欲望所交织出的丑恶，有多少人还依旧能够保持本心，坚持修身养性，追求高尚的品德，而不是堕落其中呢？

最后的第三重境界，“看山还是山，看水还是水”。许多人终此一生都停留在第二重境界，能够达到第三重境界的人少之又少。洗尽铅华，返璞归真，说的大概就是第三重境界。在经历了许多事情后，积累了许多经验，通过反省自我，最后清晰地意识到自己究竟追求的是什么，穿过层层迷雾，踏过层层诱惑，坚持自我，走到最后，便会发现云雾之后依旧是那山，依旧是那水。而修身养性也是如此，在我们经历过去种种诱惑而被迷惑看不清修身的路时，拨开云雾，豁然开朗，便会发现修身养性的最高境界，就是随心所欲不逾矩、回归平常心的中庸之道，这也就是我们所阐述的高远之道，回归平常。

思修身，事亲先行

在行为上讲，在修道上来讲，我们每一天都在做事，要小心，自己要做个范围——戒，要谨慎。

——南怀瑾

“格物，致知，诚意，正心，修身，齐家，治国，平天下。”这句话出自《大学》。修身自古被认为是人生的一个基础环节。在儒家思想中，修身是君子的一个基础标准。同为儒家经典的《中庸》有言：“故君子不可以不修身。思修身，不可以不事亲；思事亲，不可以不知人；思知人，不可以不知天。”这句话是说，君子不可以不去修养自己的身心；想要修养自己的身心，就要好好去侍奉双亲，立足孝道；想要好好地侍奉双亲立足孝道，就必须得了解人；想要了解人，你又不能不知道世间的一些既定的规律。由此可知，当一个人考虑到修身的层面时，他首先要做的就是好好地侍奉双亲，立足于孝道。

南怀瑾认为，一个人只有好好地与家人相处，才能好好地与他人相处。想要修养身心，事亲是每个人都需要踏出的第一步。

孝是君子的立身之本

《论语·学而》篇载，有子曰：“其为人也孝弟，而好犯上者，鲜矣；不好犯上，而好作乱者，未之有也。君子务本，本立道而生。孝弟也者，其为仁之本与。”这句话是说，一个人能谨遵孝悌的行为准则，却做出不合礼的行为，是非常少见的；一个人做事从来都遵纪守法，合乎礼节，却去造反，这种情况是不可能出现的。君子的所作所为应该有其行事的根本，对于儒家教化来说，孝悌就是作为一个人的根本。

南怀瑾认为，一个人立身于世界需要一个立足点，需要一个基本的行为准则，而事亲所表示的孝道，就是一个人立身的原则。在南怀瑾看来，孝不是规定性的行为，孝是一种精神。这种精神一方面体现着人世间最为自然的情感，另一方面糅合了个人、家庭、国家之间的关系。

中国古老的传说中有一位贤明之君——尧。那时采取的君主制度是禅让制，有一天尧向群臣征求意见："我的大臣们，我已经在位70年了，你们谁能承天的旨意作为接替帝位的人。"群臣都回答说："我们的德行还不够，不能玷污了帝位。"这时尧向群臣问道："那在你们所认识熟悉的人中为我推荐一个人吧！"群臣一致推荐虞舜作为帝位的继承者。尧斟酌之后，对舜进行了一些考察与观察。尧将自己的两个女儿嫁给舜来监察舜的行为，舜合乎规矩的行为让尧非常满意。

舜的父亲瞽叟以及他的继母和异母弟弟象，一直想要杀害舜。舜的父亲让舜去修谷仓，当舜爬到谷仓顶时就放火，舜用斗笠保护着自己跳了下来。后来舜的父亲又让舜挖水井，趁着舜在水井中时与象一同填埋水井，这次，舜又幸运地逃脱了。象对舜的两位妻子做出不当的行为，舜仍旧待其亲和。尽管舜的父母及弟弟三番五次想杀害舜，舜还是心存孝悌，恭敬地对待父母，慈爱地对待弟弟，与自己的家人和顺相处。尧了解到舜对待父母兄弟的态度以及他处理事情的方法，对他非常满意。舜的美好品质是尧所中意的，舜顺理成章地成为了尧的接班人，带领着人们生产生活。舜以孝悌的精神立身，用自己的做人原则维持家庭的和睦，有条不紊地治理国家。

舜用孝道的精神作为立身之本，并将其实践在生活中，融合个人、家庭、国家之间的微妙衔接。南怀瑾认为，一个人在生活中需要特别注意遵循个人的行为准则，一个人做错了事，还可以站起来，而立身之本若是不正，就再也站不起来了。这便是“一失足成千古恨”。

“守身”之孝

孟子曰：“事，孰为大？事亲为大；守，孰为大？守身为大。”孟子认为天下最重要的事就是安顿孝敬父母，最重要的操守是人格的建立。南怀瑾认为“守身”就是遵循孝的精神，一方面要适当地对父母尽孝，另一方面也要守住自己的德行，塑造高尚的人格，一生行仁义之事，不给父母蒙羞，这也是最大的孝道。

《孝经》载：“身体发肤，受之父母，不敢毁伤。”古人重视自己的身体发肤，认为损毁身体，就是不孝，因为身体是父母给的。然而，南怀瑾认为，逐字逐句地施行这句话是片面的，孝道的精神才是我们学习的重点。这番话所体现的孝行是，每一个人都要注意自己的身体健康，对自己的身体负起责任。因为人们一旦生病或受伤，父母都会是最担心的人。同时，如果自己不保重身体，造成生病或者死亡，那么就会拖累父母，并且令父母老无所依。因此，一个人不能好好地对待自己，就被认为是一种不孝。

管仲家里很穷，只有一个老母亲，他年轻的时候怀才不遇，一直没有遇到合适的机会施展才华，他曾经三次做官但都被撤职。后来管仲被人拉去当兵，却在战场上三次逃跑，众人讥笑地说他贪生怕死，他也不辩解。管仲的朋友鲍叔牙仗义执言，告诉众人：“管仲不是贪生怕死之辈，他家里有老母亲需要奉养。”管仲一直忍辱负重，直到后来被鲍叔牙推荐给齐桓公，成为齐国之相，从此帮助齐桓公成为春秋霸主，被齐桓公尊为“仲父”。

由于管仲要奉养老母亲，所以他不惜当逃兵，只为了坚守守身之孝。如果管仲不爱惜生命，死在战场上，那么家中老母亲无人奉养，而且齐国也少了一位贤相。在南怀瑾看来，正因为立身正，则行事正，所以孝行的实施首先是守身之孝，不仅是做子女时的一个原则，同样是一个人立足社会的第一步。

修身需要从自己做起，南怀瑾认为，“思修身，不可以不事亲”是修身的最高表达。在南怀瑾先生眼中，事亲不仅是对父母尽孝，更是考察一个人如何处理人事关系。如果一个人不能够好好地与自己的家人相处，他就很难与朋友相处。当一个人无法与自己周围的人处好关系，他就不能对社会起到好的作用。所以，修身要先由事亲做起，对父母的守身之孝尤为重要。

至诚，成功人生的大智慧

达到志诚的境界，人就自然有前知了。不需要求神通，这就叫作神通。

——南怀瑾

《中庸》有言："至诚之道，可以前知。国家将兴，必有祯祥；国家将亡，必有妖孽。"南怀瑾认为，至诚是一念的境界，有一种顺其自然的征兆和迹象，你不必对所做的事进行思考，就能够看见发展前途，你也不必去努力做些什么事，自然而然地守着规矩，自我的情绪不需要控制，也能保持稳定。至诚所带来的迹象表现，不需要你去刻意地发现，这是一种始终存在的气象，只要拥有足够的智慧，就能够用至诚的境界获得某种预知的启示。

至诚，指引成功人生

儒家讲"知其不可为而为之"，这里的"知"就是一种前知。知道这件事成不了，但是心中存有愿望，与其斗争。这种信念在许多人物身上体现得非常充分。

三国时期，蜀汉丞相诸葛亮便是怀揣着至诚之念的顽人。诸葛亮的一生是什么样的呢？刘备三顾茅庐引出了卧龙先生，先生为什么要"卧"呢？因为他的至诚之境告诉他，时局的发展不是任何一个人可以扭转的。面对这样的"前知"，诸葛亮出山了。作为刘备最为信任的人，诸葛亮发挥了他最大的实力，在那个混乱的时局里，诸葛亮尽情地挥洒自己的热血，指点江山，意气风发，为他的主人尽忠，为他的选择尽力。刘备逝世，诸葛亮在白帝城接受了刘备情真意切的托孤之请，刘备将刘后主托付于诸葛亮。此时的诸葛亮全心倾注于那难以完成的大事。五丈原是诸葛亮人生的终点，他在病逝之前妥善安排好自己的身后事使蜀国的损失降到最低。茅庐里的卧龙是看见至诚之境的有着大智慧的人，茅庐外的诸葛亮是对所思所想进行选择后，搏尽天命的蜀汉丞相。诸葛亮尽心尽力地帮助刘备去获得自己的一席之地，结果对他而言重要吗？当然重要。然而对他而言，这个与天搏、与人斗的过程更为重要，处于这个奋斗的过程中就是诸葛亮的成功。

诸葛亮是一个充满智慧之人，以一种窥探天命自然的“前知”，用自己的智慧成就了一生的荣耀和忠诚。

修养是至诚的阶梯

在南怀瑾先生看来，每个人都有某个方面的一些灵性，但是当这些灵性不能够得到相应的重视时，仍旧不能够达到至诚之境。每个人都能达到“至诚如神”的境界，但是这样的境界需要进行自我修养。一个人没有经过修养和磨练，难以拥有大智慧，更无法妥善运用智慧，不能对人生起到积极促进作用。修养可以让人获得“不思而得，不勉而中”的中庸和谐之道，最终达到心灵的至诚境界。

王阳明是明代著名的思想家、文学家、哲学家、军事家。他在青少年时期就已经对修养自身、哲学研究产生了巨大的兴趣。他一心追求儒家思想的至圣境界，年轻时曾经对着竹子格物，但并没有悟出其中的道，因此对宋代朱熹的格物致知理论产生了怀疑。在探索真理的路途中，王阳明做了很多的尝试，但是全都失败了，令他对儒家传统的修身养性有迷茫之感。

正德元年（1506 年），朝中刘瑾干权擅政，残害忠良，王阳明触怒刘瑾，被罚廷杖之刑，并贬谪至贵州龙场。去龙场的途中，王阳明屡次遭到暗杀，坎坷的经历令他对人生有了新的感悟。到了发配地贵州龙场之后，他并不感到泄气，而是励精图治，积极教导尚未开化的当地人，教他们种地灌溉，很快受到当地人的爱戴。于是他逐渐在生活中丰富自己的思想，人生境界也发生了质的改变，最后创立出心学的思想主张。正因为王阳明对自身修养的重视，不断探索，不断思考，不断感受，才使得他拥有一种创建精神，开创心学，并成为历史上少见的“立德、立言、立功”的圣贤大儒。

从王阳明的例子来看，一个人对自身的修养如果达到至诚之境，就能形成一种大智慧，也会成为人生的重大转折点。南怀瑾先生认为，不论是诸葛亮的选择，还是王阳明对于智慧境界的追求，都是至诚所达到的自然结果。修身养性是通往至诚的阶梯，也是成就大智慧的必经之路。

以静安身，才能自我更新

譬如你们都有做事的经验，有时候处理一件困难的事情，一件复杂的事，忽然自己的思想说，这样做可以解决问题，那就是静态的作用。

——南怀瑾

无论是古代和现代，存在三种处事态度：第一种，聪明而张扬；第二种，遇事犹豫不定；第三种，以静安身。当然，选择怎么样的处事原则是个人的选择，但南怀瑾先生提倡第三种，倡导修静。他认为："修养要达到什么境界呢？……不思而得，不勉而中。随时没得妄念，随时内心是清静的，没有贪嗔，平时喜怒哀乐中和的境界，既无欢喜也无悲，对人只有仁慈、爱护，没有怒、没有喜，没有喜怒哀乐。慢慢地，你内在达到这个中庸的境界以后，外面人都变了，整个的气质起了变化。"

把这种标准放在当今的社会来看，很多人可能会觉得这种退缩和保守的落后思想已经不再适用，然而，真的是这样的吗？要知道"枪打出头鸟，树大招风"是自古传下来的道理。南怀瑾先生认为，"无为而成"代表的是一种智慧的至高境界，但前提是必须在静的境界中，至静才能至诚，至诚才能神通。因而，至静，内心中保持安宁平静，对于人生是十分重要的。

急功近利，反被聪明误

有些人精明一世，八面玲珑，巧舌如簧，最后机关算尽，反倒丢了性命。杨修是三国时期曹操门下掌管仓库的主簿，智识过人，但有个缺点——恃才傲物，在曹操面前几次抖机灵乃至最终误送了自己的性命。

有一次，曹操在参观完快竣工的花园后，在门上写了一个“活”字，杨修说道:“门内添‘活’,是一个‘阔’,丞相是嫌门太阔。”曹操见杨修如此聪明，表面上表扬他，实际上开始忌惮他了。又有一次，曹操在塞北送来的酥点礼盒上写了“一合(盒)酥”,然后便出门了。杨修看到后，把酥点分给每人吃了一口。曹操回来后问他为什么这么做，杨修不以为然地说:“一合酥，就是一人一口酥，所以我们每人分了一口吃。”曹操想要发火，却又无可奈何，但心里却开始厌恶杨修。杨修自以为了解曹操的心思，更是为所欲为，不看眼色地卖弄自己的小聪明。后来曹操自封为魏王，在一次魏蜀战争中，魏军数次战事失利。进退不能的曹操心里犹豫不决，吃饭时心烦意燥，看到碗中的鸡肋叹道:“食之无肉，弃之可惜。”杨修自己解释道:“魏王的意思是现在进不能取胜，下令撤退又会让人笑话，但是在这里等着也是无益。明天魏王一定会下令返程的，咱们先收拾行装，免得走时慌乱。”将军们觉得有道理，立刻命令军士收拾行装。曹操夜不能寐，绕着军寨独自行走，看到众将士在收拾行装，了解后才明白这是杨修的意思，顿时大怒，以造谣扰乱军心为由，叫来刀斧手砍了杨修的头，首级悬于辕门外。

杨修确实聪明过人，但锋芒太露，不肯以静安身，处处要小心机，必定会招致杀身之祸，尤其是在曹操这个性格猜忌多疑的主子手下，想凭借小聪明飞黄腾达，是无法达成的目标，注定会成为被人抛弃的棋子。《中庸》有云:“素隐行怪，后世有述焉，吾弗为之矣。君子遵道而行，半途而废，吾弗能已矣。君子依乎中庸，遁世不见知而不悔，唯圣者能之。”意思是说，有些人故意找一些怪诞和隐僻的事情来做，想让后世的人记住他。然而有些人会以中庸之道来做，坚持到底，绝不半途而废，真正的君子秉持中庸的原则，就算一辈子默默无闻，不为后人所知晓，内心也是无怨无悔的。

以静守身，清醒自持

人是一种情绪复杂的生物，在繁华富贵和贫穷困厄中往往能看到人的本性，在放纵和坚守之间最能表现出人最真的本质。人还是要保持清醒的头脑，静守己心，清醒看淡世间浮华，这才是中庸之道。

范蠡是越国名臣，被后人尊称为“商圣”，也是“南阳五圣”之一。在帮助勾践灭掉吴国之后，范蠡上书给勾践说：“听闻主忧臣劳，主辱臣死。昔日大王在会稽受辱，臣之所以还活着，就是为了今日，如今国家已定，该是我为会稽之辱而死的时候了。”勾践不愿意让他死，并许以朝中高位，但范蠡婉言拒绝了，并提出了隐退之意。在一个深夜，范蠡带了金银细软和家人乘船离开了。他知道君臣之间，往往可以共患难，无法共富贵，自古以来有“鸟尽弓藏，兔死狗烹”的事例，退隐民间才能保住身家性命。

范蠡来到齐国，与家人齐心合力经营产业，成为当地的大富豪，齐国的国君请他做齐相，范蠡叹道：“当官能做到宰相，经营产业能赚到很多钱，这是我一个布衣百姓能做到的极限了，但是长久地活在盛名中，终归不是好事。”于是他拒绝出任相国，然后把家财都分给亲邻，只带了一点钱离开，去了陶地隐居，改名为陶朱公。他曾经劝说对自己有知遇之恩的文种，要急流勇退，尽早离开朝廷。文种犹豫再三，后来称病不上朝，但是没有退隐。没过多久，文种遭人诬告，无法逃脱罪过，被越王赐死了。

对比范蠡和文种两人，前者不贪恋荣华富贵，始终保持清醒，以静守身，从官场退出来，进入到商界当中，达到了自我更新的境界，成为大富豪。在极度富贵的时候又能放下一切，宁愿做个籍籍无名之人，得以安享晚年。但文种做不到以静安身，最后被越王忌惮，成为朝中势力争斗的牺牲品。

南怀瑾先生认为，一个人清静到极点，就有自我反省的能力，这才是至诚之道的境界，以静安身，自己检查自己，是非、善恶、好坏，一点不能欺骗自己的时候，才是真正的内省，才能达到自我更新的程度。人生在世，即使再怎样辉煌，终会有落英缤纷的一天，以静安身，即便默默无闻，也能在自我反省和外界事物的影响下，不断更新自我，做到心若沉浮，浅笑安然。

恭敬中礼，扩大自己的内存

有时过分的推辞，与轻易的接受一样，都是不恭。

——南怀瑾

南怀瑾说过：“真正的佛法，对于世间出世间一切，都是恭敬的，这是佛的精神。”中庸之道也讲求恭敬中礼，恭敬是一种端正的态度，对人恭敬而合乎礼，就会有虚怀若谷之心，能够兼容并蓄，扩大自己的内在境界。

恭敬中礼，心平气且和

南怀瑾在台湾时提倡大家要多读古代经典文学，鼓励大家要对老祖宗留下的精华怀着恭敬的态度去学习，并吸收成为自己身上的一部分。清朝的台湾总督刘铭传就是恭敬中礼精神的代表人物。

清政府派刘铭传驻守台湾，建设台湾，成为一代名臣。最初李鸿章把刘铭传和另外两个人一起推荐给曾国藩，曾国藩为了得知他们三人谁的品质高，故意让他们等在前厅，迟迟不现身，并暗中观察他们的反应。其他两位很不耐烦，不一会就开始小声抱怨起来，只有刘铭传心平气和，保持恭敬有礼的态度，并不跟别人议论抱怨，而是神闲自若，安然地欣赏着四周的字画。后来曾国藩现身，考问他们关于字画的问题，只有刘铭传侃侃而谈，因而被荐为台湾总督。

不明白何为礼仪，没有恭敬态度的人，必定缺乏坚毅和克服万难的精神，也很难成就一番事业。《中庸》有云：“故君子和而不流，强哉矫！中立而不倚，强哉矫！国有道，不变塞焉，强哉矫！国无道，至死不变，强哉矫！”意思是说品德高尚的人和顺但并不随波逐流，保持中立不偏不倚。国家清明时不改变志向，国家政治黑暗之时仍坚持自己的操守，宁死不屈，这才是强者。

恭敬中礼，充实内在

南怀瑾先生认为阅读古代经典书籍的根本是在于内化，我们要广泛学习古代经典，并明确辨别和切实执行，怀着恭敬审慎的态度去看待。

张良幼时居住在今天的江苏邳县。有一天，他走到镇东石桥上，一位白发苍苍、手握拐杖的老人故意把自己的鞋子蹬掉，然后大声对着张良说："去桥下把鞋子捡上来。"

张良感到奇怪，但是又想这位老人垂垂老矣，行动不便，也无家人在身旁照料，去捡鞋子对他来说太困难了，帮他捡上来吧。于是张良二话不说就跑下桥去捡鞋子。

老人面上露出了满意的笑容，索性伸出脚，让张良帮他把鞋子穿上，张良只好挺直上身，跪在地上，恭恭敬敬地帮老人穿上了鞋子。老人点点头，对张良说："你是值得教导的孩子，五天后天刚亮的时候，你在桥上等着我。"张良心中虽然感到不解，但还是恭恭敬敬地向老人行了个礼，答道："是！"

五天之后，天刚亮，张良就去桥上，谁知老人已经在等着了。见到他之后，老人怒气冲冲地说："你与老人约定好了，却比老人晚到，这怎么可以呢？再过五天，你早点来等我。"

张良暗下决心，下次一定要比老人到的早。五天后天还没亮，他就起床赶过去，可他没想到，老人已经在桥上等着了。老人生气地说道："怎么又迟到了？再过五天，早点来！"

又过了五天，张良决心不再迟到，他半夜就跑去桥上，抱紧双臂等着老人到来。过了一小会，老人拄着拐杖上桥，张良急忙跑去扶着老人，老人称赞他："这才像话，年轻人就应该这样啊！"接着从怀里拿出一本书，说："这是一本奇书，我不愿意随便传授给别人。我看你恭敬有礼，为人谦逊，就把它送给你。”原来这一切是老人的考验，张良恭敬地向老人行了个大礼，拜谢过后，双手接过老人手上的书，书名是《太公兵法》，是姜太公留下的兵书。拜别老人之后，张良认真研习兵书，后来帮助刘邦建立汉朝，立了大功，成了一代名士。

南怀瑾先生认为，礼仪是文化的基本精神，人类文化的主要内涵是要敦厚，做人厚道，以恭敬宽容的态度去对待周围的人与物，于人于己都有益处。厚道并不是愚笨，而是善于包容。伟大的人物之所以伟大，都具有这样谦恭宽容的态度。世间万物，人事是非都不可预测，怎可怠慢不恭敬呢？在原则之内，用谦恭敬畏的态度面对每一天，才能减少成功路上的障碍，达到自己的人生目标。

和以反中，欲望不可放纵

伟大的事业是人做出来的，人最难的是管理自己。

——南怀瑾

人活在世上，必须要有最基本的物质条件使自己活下去，为了得到这些活下去的物质条件，人就有了欲望。可以说，欲望是一种本能。

有些人喜欢外貌出众的异性，这叫作男女之欲；有人管不住自己的嘴过分贪图美食，这叫作口腹之欲；做官的人想要不断往上爬，这叫作权力之欲。人活在世上，有欲望没有什么不可以，人的成功往往就是在达成了自己的一个欲望之后，去追求更大的欲望。占有无数财富的人去追求更多的财富，占有更多权力的人想拥有更多的权力，对欲望永无休止的贪恋才是最可怕的事情，所以要学会控制住自己的欲望，要有修养，千万不可放纵自己。

清心简朴，控制欲望

“利贞者，性情也。”南怀瑾先生说，“性”是人的本体、本来，“情”就是人的情绪，可以引申为七情六欲，就是欲望。《中庸》开篇就讲：“天命之谓性，率性之谓道，修道之谓教。道也者，不可须臾离也，可离非道也。”也就是说，人有欲望是正常的事情，但是人要能够控制住自己的欲望才行。南怀瑾先生认为这才是身心修养的最高准则。

东汉时期有一个叫杨震的人，州郡的官员举荐他做官，但是他始终没有答应，直到50岁的时候才在州郡任职。后来大将军邓骘听到了他的名声，认为他是一个贤人，举荐他为茂才。杨震经过四次升迁之后，成为荆州刺史、东莱太守。

他前往郡里的途中，路过昌邑的时候，刚好遇见一位朋友王密，担任昌邑之长，为了报答杨震当年的知遇之恩，王密白天谒见了杨震之后，晚上准备了十斤黄金，趁着夜深人静之时，悄悄将黄金送给杨震。杨震不仅没有接受这些黄金，反而批评他说："我和你是老朋友了，我了解你的为人，但是你怎么不了解我呢？为官不受贿赂，你怎么可以这样做？"王密以为他不好意思接受，劝他说："现在是深夜，不会有人知道。"王密却反驳他："天知，地知，我知，你知，你怎能说没有人知道呢？"王密受到杨震的谴责，只能惭愧地离开。

后来杨震转任涿州太守，任内公正廉明，不受任何私人的请托。他的子孙跟他一样，也都生活俭朴，清心寡欲。他的一些长辈和老朋友实在看不下去，都劝他为子孙置一些产业，杨震却说："金银财物虽好，但终有一天会花尽，就一无所有了。我给他们留的是好名声，让后世的人称他们是清白官吏的子孙，不是更好吗？"

杨震面对钱财，能够坚决抵制诱惑，更能控制自己的欲望，清廉为官，俭朴治家。"喜怒哀乐之未发，谓之中；发而皆中节，谓之和。"这句话的意思是，喜怒哀乐的情绪没有表现出来叫作中，表露出来但是合乎法度的叫作和。杨震一生为官清正，为人简朴，不贪图钱财，不放纵欲望，正契合了中庸之道的"中"与"和"。

致中和，万物育焉

一个人怎样才能有修养，达到"中和"的境界呢？南怀瑾先生说，"中"和"和"，一个为体，一个为用。体用不能分开，要结合起来。普通人只想着用，追求利益和好处，但无法参透道的规律，一生也只是庸庸碌碌的凡夫俗子。而对君子而言，用是从规律中生发出来的，没有"中"的基本前提，"和"很难找到正确的方向。所以，由体归用、舍用归体、应用自在，这才能达到"致中和，天地位焉，万物育焉”的至高境界。

有一个老板对下属的技术员不满意，于是就去批评他，本来说两句就可以解决问题，结果控制不住脾气，越骂越激动，最后变成了人身攻击。技术员恼羞成怒，一气之下辞职离开。等老板冷静下来，才意识到自己太过分了。由于一时之间又雇佣不到合适的技术员，结果导致产品技术不过关，从而影响到市场销售，公司业绩一路下滑。后来老板反思自己，对于下属犯的错误，针对事情本身，指出来让对方改正就可以，如果自己无法控制情绪，原本对事不对人，最后也会演变成辱骂，这让任何人都无法忍受。吸取了这次教训，老板决定改变自己的态度，遇到事情的时候，就事论事，宽厚待人。这样一来，老板用理性控制情绪和发火的欲望，使公司的气氛变得和谐，营造良好的工作环境，公司业绩也逐渐上升了。

生活中有许多类似的事情，都需要用理性来控制情感，比如一个肥胖的人想减肥，嘴上说着要少吃，但是当看见美食的时候，管不住自己的嘴。理性抵不住欲望，就造成减肥失败，整日苦恼。南怀瑾先生认为，喜怒哀乐这些欲望，没有发作起来的时候，是没事的，但是当情绪被引发出来，如果控制得不得当，就不能做到“发而皆中节”，就会成为危险的导火索。

佛家讲究明心见性，儒家讲究修心养性，都是教人们如何控制自己的欲望。从古至今，道理都是相通的，正如南怀瑾先生所说：“伟大的事业是人做出来的，人最难的是管理自己。我常说，做英雄容易，做圣人难。英雄可以征服天下，但是不能征服自己。圣人不要征服天下，专门征服自己。这是英雄跟圣人的差别。”不去放纵欲望，要学会控制自己的欲望，不让情绪随意泛滥，才能掌控自己的人生。

慎独中正，坦荡心安

> 自己自性了然而不生，那个境界才是慎其独也。
>
> ——南怀瑾

中国的传统文化非常注重传承美德。美德是没有功利性的，真正的品德无需监督，是一种良知的自觉展示。保持内心的高尚和纯洁，是慎独修身的基本。

《中庸》上讲："莫见乎隐，莫显乎微，故君子慎其独也。"南怀瑾先生说，很多人认为修道要找一个隐蔽的地方，因为"隐"就是隐秘，但是这是不对的。"莫显乎微"，道在哪里？庄子说："道在屎溺。"意思就是生活中到处都是道，生活中的每个细节都体现了道，衣食住行处处都显示出道。

把这些道理运用到实际生活的话，就是"戒慎乎其所不睹，恐惧乎其所不闻"。南怀瑾先生说："我们修道，不要以为人看不到的地方就没有人知道，没有人知道就可以乱来，这是不对的，'君子慎其独也。'"那么什么叫作"慎其独也"？就是单独一个人的时候，如对大宾。

慎独守身，中正不偏

古代有许多有修养的官员，即使在退朝之后，坐在自己的书房里，仍然穿着朝服，非常严肃。《左传》记载过这样一个事情，晋灵公不行君道，正卿赵盾多次劝谏，晋灵公很不耐烦，于是派了一个杀手去杀他。杀手到赵盾家的时候，看到赵盾早已穿好了朝服，时候还早，他就坐在那里打盹。杀手看到他一个人的时候还穿着朝服不忘记恭敬国君，这样的人实在不能杀，但是碍于国君的命令不能违背，于是自杀了。可见正是因为赵盾此人慎独中正，才能感动杀手。

即使赵盾侍奉的晋灵公是一个昏君，但是赵盾在平常的生活上依然不忘记恭敬，在没有人的地方和在人前做的都是一样的，这样的人才会得到他人的尊敬和敬佩。

慎独，就是自律，自己对自己的行为加以约束。

曹鼐是明代著名的大臣，他对自己的品行要求很高，希望自己成为一个善人。为了提醒自己，他在自己的家里放置了一个大瓶子，瓶子旁边放着两袋豆子，一袋是黄豆，一袋是黑豆。他每天都要向瓶子里放几个豆子，有黑豆，也有黄豆，没有定数。

他的朋友们看到以后，很是不解，于是就问他为什么这样做？曹鼐就回答说："我这样做是在监督自己的心。我每天做了一件好事，就扔一颗黄豆进瓶子，做了一件坏事，就扔进去一颗黑豆。可是一个月下来，我竟然发现瓶子里的黑豆竟然远远多过黄豆，可见我平时做了许多不好的事情。"

他的朋友们都对他的这种行为很是敬佩。曹鼐坚持这种做法，不到半年的时间，黄豆渐渐变多，曹鼐也成为了远近闻名的君子。曹鼐的品德在这样的自我监督下日益完善，这就是君子慎独。由此可见，懂得自律的人更加容易进步，这和曾子所说的"吾日三省吾身"是一个道理。

南怀瑾先生说，"慎其独也"，独处时，如面对上帝、面对菩萨、面对祖宗、面对父母时那么严肃，这是"形"上。实际上，在见道方面，过去讲过曾子的"慎其独也"，超然之独立，孤零零地存在，那是独。"灵光独耀"，孤零零的，所以才有修养到达了身心脱落，自己自性了然而不生，那个境界才是"慎其独也"，慎独则是功夫，到达那个了然而不生，永远谨慎保护长养。

坦荡且心安

君子拥有一种不欺暗室的品行，对他人是坦荡，对自己是心安。人要诚实地面对自己的心，不要欺骗他人的眼睛，也不要欺骗自己的心。

庄子钓于濮水，楚王命两名大夫前去，请庄子来楚国做官。庄子看着眼前的濮水，问他们："楚国河水里的乌龟，它们是愿意去楚王那里，让楚王用精致的竹箱装起来，再用丝绸覆盖，珍藏在宗庙里，用死来换取'留骨而贵'，还是愿意在水里自由自在地游着呢？"两位大夫顿时明白庄子的意思，回答道："宁愿自由地在水中活着。"

对庄子来说，楚国的官位虽然诱人，但远不及自由自在，这才是他心里真正渴求的东西。他坦荡地面对自己的追求，从不欺骗自己的内心。这是庄子坦荡而心安的智慧。他持守中正之道，不蒙蔽自己的良知。

南怀瑾先生指出，虽然人人都渴望自由自在，但是面对巨大的利欲诱惑，大多人会习惯性地选择抛开自己的初心，偏离正道。即便疲惫苦累一生，也去追求权力和成就带来的安全感，无法坦荡，也不能心安理得。这样做的话，不仅欺骗了别人，还欺骗了自己，久而久之，自己的良知就会丧失。

中庸之道在于保持内心的安定中正，坦诚面对自己的内心。无论是在人前还是在人后，都要保持坦荡，做到真正的表里如一，才可成为有浩然正气的君子。

恰到好处，莫强加于人

中庸之道，在于持中而立，“持中”的困难之处正是在于恰到好处。

——南怀瑾

《中庸》说道：“喜怒哀乐之未发，谓之中；发而皆中节，谓之和。中也者，天下之大本也；和也者，天下之达道也。致中和，天地位焉，万物育焉。”这句话是这样解释的，没有表现出来的喜怒哀乐被称为“中”，但是表现的全都符合时机和礼数的则是“和”。人们的根本在于“中”，其要遵从的原则在于“和”。当“中和”都达到了，世间的万物都归其本位了。由此可见，正确处理好自己内心的情感是非常重要的。

我们知道，儒家的修心养性之法在于平平淡淡，喜怒哀乐皆不动，南怀瑾先生对此也十分认同。在他看来，“中者，喜怒哀乐没有动，这个境界是我们每个人都能在自己的内心上随时找到的‘天命之谓性’的中庸境界”。人生在世，只要是个正常的人，都要与其他人打交道，都会有喜怒哀乐情绪的波动。但是，月盈则亏，水满则溢，如果轻易得意忘形，乐而忘我，反而会带来不好的后果，这就是乐极生悲；如果不能好好处理人际关系，也会让自己陷入苦恼之中。所以，学会让自己的情绪保持“中”的状态，处理好与他人的关系，达到内心的自由和宁静是我们生活的必学之课。

不偏不倚，恰到好处

“花未全开，月未圆”是禅宗中所秉持的一种境界。一朵娇艳的花开到全盛之时，就是它凋谢的开始；月亮完全变圆之日，也是它开始缺损之时。南怀瑾先生也曾说过，与人相处之时，把握好分寸，不多不少，不偏不倚，才是最好的。

子夏在拜孔子为师后，曾经询问过孔子对其他几位徒弟的看法。孔子回答道：“在做人的诚信方面，颜回比我做得要好；在遇事的反应及思维的灵活上，子贡比我要厉害得多；在勇气这方面，我是远远比不上子路的；在处事的态度和行为举止的得体上，子张又是比我好得多。”

听了这些话，子夏更加按捺不住心里的疑惑了，问到：“既然他们四人在各自的德行上都要超过您，那为何他们还认您做老师呢？这不是很矛盾吗？”

听了子夏的话，孔子并没有生气，而是笑着招呼子夏坐下，并且回答了他的问题。

在所有的弟子里，讲诚信这方面确实没人能超过颜回，可是，颜回只是一味地做到讲诚信，却不知道折中，并不是所有的时候都要绝对地讲诚信。在遇事的反应和思维的灵活上，子贡确实最厉害，这也是他的生意能做大的原因，但是，他却不知道，过于敏捷会让人觉得他这个人不可靠。在勇气方面，子路绝对是最英勇的，但是，他却不知道无智之勇反而会将他陷于危难之中，害怕有时也是很必要的。在与人交往之时，子张确实非常得体庄重，但是这也同样会让人觉得他无法亲近，进而无法处理好与人的关系。这就是他们几人拜我为师的原因。

从孔子与子夏的对话中，我们可以得知正是因为孔子在为人处世上能够做到“恰到好处”，达到“中”的状态，那些德行比他好的人才都甘愿拜他为师。颜回、子贡、子张、子路正是因为在各自的德行之修上无法保持一种“中”的状态，故而才需要向孔子学习为人处世之道。

《中庸》的“中”也就是做到恰到好处，既不能做多，也不能做少。在如今竞争激烈的社会中，很多人都变得急功近利，而这种情况带来的大喜、大悲对我们的身心都有着极大的损害。这个时候，不妨学学南怀瑾先生的做法，学习《中庸》的“持中而立”的智慧，让自己的内心保持平静和安宁。

不将自己的思想强加于人

在南怀瑾先生看来，学会忍耐是一种很好的保持内心自由的方法。当然，这里说的忍耐并不是将别人给予的好的与不好的全盘接收，而是在于不争。世间百态，两片完全相同的叶子都找不到，更不要说拥有独立思想的人类了。对于同一件事情，每个人都自己的想法和看法，因此不必将个人的想法强加于人。实践可以检验真知，日久也能见人心，是非曲直不需要生硬的辩解，永远持守不争而立的态度，正是中庸之道的至高境界。

有一天，一对老夫妻在小镇的马路边乘凉，一个年轻人过来问道：“两位老人家，我听说一些传闻，这个镇里的盗窃行为很猖狂，镇上的人也很自私、懒惰，一点都不友好。所以，我想问一问，情况是不是真的这样，然后决定到底要不要搬来这里住。”

老太太十分生气，想要争辩几句，但老爷爷阻止了她，看了年轻人一眼，说道：“你既然想了解这里的人，就应该搬过来住几天，自己去观察一下，看看这里的人是不是传闻中说的样子。”

听了老爷爷的话，年轻人觉得有道理，就找了一间旅馆住下了。白天，他就出门转悠，观察这里的人的生活状态。

过了半个月后，老爷爷问年轻人：“年轻人，你觉得这里的人怎么样呢？”

年轻人脸色微红，说道：“我为之前不当的评价向您道歉。经过这半个月的观察，我发现这里的人并不像传言中说的那样。这里的人都很友好，大家都很勤劳地工作，我决定明天就要搬过来住。”

如果当初年轻人询问的时候，这对老夫妻强力争辩，那么年轻人就会半信半疑，如果他们争辩过了头，反而会让人觉得镇上的人很不友好，正如传闻中说的一样。但老爷爷并没有把自己的想法强加给年轻人，而是让他自己去观察，去感受，真相自然会呈现出来。

南怀瑾先生指出，每个人都有不同的世界观、人生观、价值观，在不同的思想发生碰撞时，我们不与之争，持中而立，不将自己的想法强加于人。只等合适的时机来临，真相自然会显现出来，这才是恰到好处的中庸之道。

第六章

南怀瑾谈思辨哲学

天命之谓性，人性本为欲

从儒家思想的哲学观念来看，中庸主张“天人合一”和“知行合一”，人性有欲，但人性本善，合乎天命之性。中庸强调人要循天性之善进行修身养性，扬善去恶，因为万事万物无不体现中庸之道，只有“物”和“道”结合，不偏不倚，在天命和人性之间“执两用中”，这样才能达到成己成物的终极目标。

物来则应，物去不留

秋风落叶乱为堆，扫去还来千百回。一笑罢休闲处坐，任他着地自成灰。

——南怀瑾

南怀瑾先生认为，人的一生要应对的事情实在太多，总会面对很多不如意、不顺心的事情。这个时候，保持一颗平常心，顺其自然，不带任何私心和奢求，很多问题都会迎刃而解，自己内心也不会有矛盾和心结。

持有一颗平常之心

南怀瑾先生认为，平常心是“无为、无争、不贪、知足”，对事对人不强求，不刻意追求完美主义。生活中，不如意之事十有八九，发生就发生了，顺其自然，这样才会有广阔的胸怀，去做更有意义的事情。经常与自己的心灵对话，让内心保持平静，这样就能够遇事冷静，也能够更平静地处理问题。

南怀瑾先生在《庄子南华》中肯定了“举世而誉之而不加劝，举世而非之而不加沮”的这类人，说他们的智慧和学问已经决定了他们的人生观，这是很了不起的。“定乎内外之分，辩乎荣辱之境”，将外界的一切都抛之脑后，不过分关注，好与不好，一概都保持一颗平常心，绝对不让这些东西影响自己的情绪、生活。

从前有一个小和尚，每天在庙中潜心修佛。经过长达数十年的潜心钻研，小和尚觉得自己已经有了慧根和佛心。这一天，庙里的方丈召集所有的和尚，宣布三个月之后，要在庙里的小和尚之中挑选一个最有慧根的人，接任方丈的职位。所以，接下来的这段时间，大家都要好好修行。这样一来，小和尚更加用心了，但是，很快他就发现，自己好像是不进反退，他有时候甚至觉得之前自己修行的一点佛心也没有了。于是，他很郁闷，就去问老方丈。老方丈听过他的描述之后，笑了笑，并没有直接给他答案，反而是带着小和尚下山去了。小和尚疑惑地跟着方丈下山，走到一个卖甜瓜的摊位前停住了，小和尚挑中了一个甜瓜，只见摊主随手掂了掂，说："一斤六两。"小和尚表示怀疑，摊主不用秤就能知道瓜的重量？于是自己拿起旁边的秤称了一下，结果分毫不差。摊主笑了笑说："我卖瓜卖了 40 多年了，我的手就像是一杆秤，大部分情况下是不会出错的！"正在这时，身边的方丈随手拿了一个甜瓜："我要这一个甜瓜，你用手拿一下，就能准确说出它的重量的话，这锭银子就归你了。"说着拿出了一两银子，这锭银子足够买下这里所有的瓜。摊主从方丈手中接过甜瓜，没有了之前的干脆利落，用右手掂掂，觉得不合适，又用左手掂了掂，最终不确定地说这个瓜一斤三两重。随后方丈把秤拿起来称了称，却是一斤半，整整差了二两。就在大家都疑惑不解的时候，方丈说道："一个人一旦被突如其来的利益遮蔽双眼，影响心智，那他就很可能犯错。用一颗平常心去对待一切，反而更有可能将事情做好。"小和尚一下子恍然大悟，明白了方丈的用意。回去后潜心修行，什么也不多想，结果他成为了有名的大愚禅师。

所以，生活中，不管遇到什么，功名利禄也好，权力荣誉也罢，淡看它们，不过分追求，要来就接受，要走也不强留。就像南怀瑾先生所说的，"物来则应，物去不留。"是自己的就是自己的，不是自己的强求也得不来，一切顺其自然，一切都会有最好的安排。

顺其自然，万事随缘不强求

佛家讲缘，一切因缘生，一切因缘灭。意思是说，任何事情，当条件具备，自然而然就会发生；而条件不足时，事情就会终结。所以，南怀瑾先生教育我们，对人对事对物，都应该秉持随缘自在的态度，不必过分烦恼。他还引用释迦牟尼的一句话：“无论你遇见谁，他都是你生命中该出现的人；无论发生什么事，那都是唯一会发生的事；不管事情开始于哪个时刻，都是对的时刻。”任何意外都不是偶然，既然这个事情发生了，那就是必然，让一切顺其自然最好，“物来则应，物去不留”。

秋天，寺院里的草地枯黄了一大片，非常难看。小和尚实在看不下去了，就对方丈说：“方丈，我们快点撒些种子吧，这太难看了。”方丈回答说：“不着急，随它去吧，随缘。”等到种种子的时候，方丈将这个任务交给了小和尚。但是，一阵大风，将种子吹走了好多，小和尚很着急。方丈这时候对他说：“没关系，吹走的都是空的，就算撒下去，也不会发芽成长的，随性。”小和尚，刚将种子撒下去，飞来了一堆小鸟，将地上的种子一顿乱吃。小和尚向方丈报告，方丈说道：“不着急，种子很多，小鸟也吃不完的，随遇。”半夜，一阵狂风暴雨。小和尚来到方丈房间，带着哭腔对方丈说：“这下全完了，这么大的雨，种子肯定全被大雨冲走了。”方丈答：“冲就冲吧，反正种子只是不在这里生长了而已，随缘。”几天过后，原本难看的土地上长出了许多小苗，就连没有撒种子的地方，也有新芽。小和尚高兴地将消息报告给了方丈。方丈只是说道：“应该是这样吧，随喜。”

南怀瑾先生认为，在生活中，要像故事中的方丈一样，抓住一个“随”，从容淡定、应对自如。世界上所有事物都在变化，没有不变的东西，有好的变化，同样也有坏的变化，我们要做的，就是面对这些变化，顺其自然。

顺逆安危，万物相辅相成

无论是天道，亦或是人道，无一不是相辅相成。

——南怀瑾

老子《道德经》载:“祸兮福之所倚，福兮祸之所伏，孰知其极？其无正。”这句话说的就是，坏事可以引出好的结果，好事也可以引出坏的结果。换句话说，在一定条件下，福能变成祸，祸能变成福，二者相辅相成。南怀瑾先生也强调，顺逆安危，万物是相辅相成的，大家一定要明白这个道理。

福祸相依，平衡心态

司马迁在《太史公自序》中说:“昔西伯拘羑里，演《周易》；孔子厄陈、蔡，作《春秋》；屈原放逐，著《离骚》；左丘失明，厥有《国语》；孙子膑脚，而论兵法；不韦迁蜀，世传《吕览》；韩非囚秦，《说难》《孤愤》；《诗》三百篇，大抵贤圣发愤之所为作也。”南怀瑾先生对司马迁的总结非常赞同，他认为很多的文学大家，都是在经历了祸事之后，才创造出了不朽的著作。像李白、杜甫、韩愈、苏轼、李清照、辛弃疾等大家，没有一个不是这样。

所以南怀瑾先生教导我们，有时候，我们眼中的祸事，未必就一定是祸患，这些不好的事情能够让我们时刻保持清醒的头脑，以清醒的状态去做正确的、有意义的事情。有时候，正是不好的事情促使我们变得更加有勇气奋发向上。由此看来，祸事是生命中的一件必备品。面对命运中的磕磕绊绊，我们要乐观勇敢，要始终相信福祸是相依的，彩虹总是出现在风雨后。

《每日镜报》曾经登载一个小故事，故事的主人公名叫约翰·莱恩，是一个英国人，被称为“世界上最倒霉的人”。从记载来看，他的一生中危及生命的事故至少出现了 17 次。但同时，他也是“世界上最幸运的人”，因为每次遇到这些危险，他都能够绝处逢生，化险为夷。

1 岁时，因为家长看护不周，约翰将浴室里一个塑胶瓶中的消毒水当饮料喝光，多亏及时被送到医院洗胃才捡回一条命。12 岁时，因为在马路上贪玩，遭遇严重的车祸。之后，雨天树下，被雷电击中，被烧得面目全非，又侥幸逃生。14 岁时游泳溺水，勉强得救。之后，他又在爬树的时候，在很高的地方跌到了地上，将腿摔断，身体多处骨折，在医院住了一段时间。出院当天，又遭遇到车祸，原本受伤的身体，伤上加伤。20 岁的时候，他成为一名矿工，在矿井中工作的时候，被跌落的石块砸到头部。之后，他与人运送一车石块时，因同伴疏忽松手，一整车石块撞到他身上。41 岁时，从地下室入口直接掉了下去，8 根肋骨摔断。44 岁时，他不下心触碰到一根高压电线，差点被电死。49 岁时，他去希腊桑特岛度假，搭载的出租车冲下了悬崖。50 岁后，他不小心从敞开的下水道口跌下，背部、双腿和膝盖全都摔断。伤好之后，他前往希腊度假，所乘坐的飞机被闪电击中，差点机毁人亡。

对于这些倒霉事，约翰在报纸上说道：“我是世界上活着的人中最幸运的，不管多么残酷的现实，都不会打垮我。”约翰活得如此乐观，后来他向各类人群讲述自己的经历，开办各种成功学讲座，成为知名的成功学大师，他的人生开始向上行走，人人都为他鼓掌。

南怀瑾先生告诫我们：“当有好事情发生在自己头上，千万不要得意；当有不好的事情降临，也万万不要一蹶不振。”万事万物相辅相成，福祸相依，始终用一种平和的心态看待万物，生活会更加美好。

强者诞生于磨难之中

孟子说：“天将降大任于斯人也，必先苦其心志，劳其筋骨，饿其体肤，空乏其身，行拂乱其所为也，所以动心忍性，曾益其所不能。”由此可见，对每一个人来说，要想成就一些事情，就必须要经受一些磨难与锻炼。磨炼，是每一个人成长所必须的条件。即使是南怀瑾先生，也不例外。

南怀瑾先生早在抗日战争期间，就遭受了很多的磨难。当时关于南怀瑾先生有这样一则报道：“有一南姓青年，以甫弱冠之龄，壮志凌云，豪情万丈，不避蛮烟瘴雨之苦，跃马西南边陲，部勒戎卒，殚力垦殖，组训地方，以巩固国防。迄任务达成，遂悄然单骑返蜀，执教于中央军校。只以资禀超脱，不为物羁，每逢假日闲暇，辄以芒鞋竹杖，遍历名山大川，访尽高僧奇士。复又辞去教职，弃隐青城灵岩寺，再遁迹峨嵋山中峰绝顶之大坪寺，学仙修道云云。”从这里不难看出，南怀瑾先生当时所遭受的磨难是在大坪寺内闭关阅藏的三年中，南怀瑾先生身穿僧衣，伴着青灯古佛，斋戒素食，潜心苦读经书。之后，又批阅《永乐大典》《四库备要》等经史典籍，收获了很多知识。1945 年，南怀瑾先生还远赴西藏、西康，拜访各宗各派。多年来，他历尽各种艰难困险。但是，功夫不负有心人，他最终修得大成。用先生自己的话来说：“云水萍飘岂偶然，九年足迹遍西川。管他鬓到秋边白，落得人间月似烟。”南怀瑾先生最终成为了一位学贯东西、博通古今，修兼内外、德并文武的一代宗师。

复杂的生活阅历是南怀瑾先生多元化价值观形成的基础，诸多的艰难困苦使南怀瑾先生看尽人世沧桑，正是因为这些原因，成就了一代大师的博学多闻，成就了南老先生思想的深邃。所谓“宝剑锋从磨砺出，梅花香自苦寒来”，说的也是逆境顺境，相辅相成的道理，很多时候，往往就是逆境、磨难促成了人的成长。

盛极必衰，物极必反

物极必反，天之理也。

——南怀瑾

《易经》中讲到：“物不可以久居其所，故受之以遁，遁者退也。”意思是说，一个物品、一件事情不可能永远维持原状，迟早会发生变化，而人也一样，不能一直待在高位上，适时退隐离开才是正确的做法。南怀瑾先生说，儒家学派的中庸思想很多都和《易经》中的思想有异曲同工之妙。“物壮必老，老者必倒”，这是自然现象，人不会永远存在，成长到一定程度就会慢慢退化，直到老去，花草树木也一样，成长到最繁盛的时刻，就会开始渐渐凋零枯萎。万事万物也是一样的道理，阴极阳生，阳极阴生。懂得这个亘古不变的道理，才能更好地存活于世。

急流勇退是一种智慧

南怀瑾先生曾教导我们，一个人，无论任何时候，都要有一种急流勇退的智慧。既然世间万物都遵循着“盛极必衰、物极必反”的原则，那么一个人的地位达到最高，也就开始走下坡路，倒不如及时急流勇退。很多历史上的政治家们，功成名就，及时隐退，最终结果都是很好的，而那些始终不肯放弃权位及时隐退的人，到头来收获的反而是一堆祸患。

春秋时期，吴王阖闾登上王位，任命伍子胥管理国家大事，又任命深通兵学的大军事家、齐国人孙武为将。从此，吴王阖闾励精图治，手下文武双全，伍子胥、孙武齐心协力，辅佐吴王。一段时间下来，吴国的政治、经济和军事力量得到了很大的提高。为了吴国更好的发展，伍子胥根据吴国与周边各国的强弱形势及利害关系，与孙武等一起制定攻打楚国的争霸方略。最后吴王阖闾亲自率领兵将，攻打楚国，占领楚国的首都，取得巨大胜利。这样的结果，一方面帮助伍子胥报了当年的流亡之仇，另一方面为国家做出了巨大的贡献。战后，吴王对伍子胥和孙武大加封赏。对两人来说，此时已经算是处于人生的巅峰。面对这种情况，孙武和伍子胥的选择出现了分歧，孙武感觉自己已经功成名就，便决定辞官退隐，潜心修著了《孙子兵法》。伍子胥却留在朝中继续辅佐吴王夫差。最终，伍子胥在越王勾践忍辱负重、意图雪耻复仇的时候进言，却被奸佞谗言所害，惨遭身死。

孙武功成身退，伍子胥却惨死吴国，正是应了《易经》所说的道理，“物不可以终壮”。人生不会有恒久的辉煌，一个人一旦达到了顶峰，就一定要注意，适时走下来，否则，就很有可能走向末路。南怀瑾先生认为，如果人人都能学习到中庸智慧，将盛极必衰、物极必反的道理落实到生活当中，那么，很多的悲剧都可以避免。

不懂分寸，没有良机

南怀瑾先生认为，遇事不走极端，见好就收，把握分寸，谨慎行事，这一准则，对任何一个人都是非常重要的。光芒的背后就是黑暗，山顶的下面就是悬崖，事情做得恰如其分，就会否极泰来，如果做得过分了，就会陷入万劫不复的深渊。

魏国曹芳当政的时候，掌控国家大权的已经变成了司马集团。司马师就是其中一人。司马师可以带剑入宫，可以一个人决断所有政事，完全不把当时的魏主曹芳放在眼里。这令曹芳非常恼怒，经过考虑，他准备秘密诛杀司马师。但是，消息败露，结果反而让司马师将他的皇位废除了，之后司马师立曹髦为新的皇帝。在司马师死后，司马昭自封天下兵马大都督，处处挟制魏主曹髦，篡权的野心日益显露，几乎所有人都能看出来。眼见司马昭的专横，曹髦恨在心里，于是写了一首《潜龙诗》，发泄心中的不满。诗曰："伤哉龙受困，不能跃深渊。上不飞天汉，下不见于田。播居于井底，鳅鳝舞其前。藏牙伏爪甲，嗟我亦如然。"写完这首诗后他也没有好好收藏，反而拿给很多官员看。一位名叫贾充的官吏知道后，马上向司马昭告发了此事。司马昭看见诗中将他比喻成鱼鳅黄鳝，非常生气，一怒之下立刻拿着剑，带着随从进宫找他。当着百官大臣，厉声责骂曹髦，公然威胁说："你曹髦是不是想做第二个曹芳！"曹髦回到后宫，越想越气，发誓要除掉这个司马昭，便召来王经、王沈、王业三位大臣合谋。王经见他不懂进退的分寸，便劝告他，不要像鲁昭公讨伐季孙氏一样，没有成功反被流亡了，一定要以史为鉴呀。可是，曹髦不听，表示宁死也不能放过猖獗的司马昭。于是，草率地召集兵士三百人，毫无章法地叫嚣着要去诛杀司马昭。最终，还不用司马昭动手，曹髦就被司马昭的手下杀死，而他率领的三百名兵士也全都惨遭杀害，血流遍地。

这个故事表明了曹氏后人曹芳、曹髦的做事不讲分寸，进退无据，因而注定他们是无法成功的。司马师、司马昭身为人臣，虽权倾天下，功高震主，但按道理来讲，他们篡权的时机并没到来，并不一定能够成功。但是曹氏将事情做过了头，物极必反，反而给司马师、司马昭提供了造反的良机。在南怀瑾先生看来，不管什么时候，一定要懂得把握分寸，只有这样，才能等待良机，才能成就事业的一方成功。

预则立，谋事要有准备

不管什么事情，知时知量很重要。

——南怀瑾

《中庸》载：“凡事预则立，不预则废。”意指不论做什么事，事先有准备，就能得到成功，不然就会失败。南怀瑾先生对这句话是非常认同的。在他看来，不管做什么事情，都要有充足的准备，只有这样，才能更容易获得成功，所谓“机会总是垂青有准备的人”，说的也是这一道理。

人无远虑，必有近忧

南怀瑾先生曾经给青年学生讲过论语中的一段话，《论语·阳货第十七》载：“子曰：饱食终日，无所用心，难矣哉！不有博弈者乎，为之犹贤乎已。”他认为，孔子用博弈来做比喻，表面上说在讲下棋的技巧，下棋是个非常需要思考的活动，常常需要走一步，想三步，那么做其他事情，更是需要这样。在这里，孔子狠狠地讽刺了那些终日懒散、无所事事的人。孔子认为，这样的人生就是在浪费生命、浪费时间，毫无意义。假如一个人没有追求和志向，从不为以后考虑，这种人将很难走向成功。

很久之前，一个长者在路上遇到了两个饥饿的人，于是，他拿出了两样东西：一根鱼竿和一篓鲜活硕大的鱼。这两个人，一个人要了一篓鱼，另一个人要了一根鱼竿，向长者道谢过后，他们便分道扬镳了。拿了鱼的人，刚走没多远就停下来，搭起篝火，开始煮鱼吃，狼吞虎咽，还没有尝出鱼的鲜味，连鱼带汤就已经被他吃光了。不久之后，他活活饿死在那空空的鱼篓旁。而那个选了鱼竿的人，强忍着饥饿和疲惫，拿着鱼竿一步步艰难地向海边走去。可是，就在他看到不远处的海洋时，他所有的力气都已经用完了，最终只能遗憾地看着远处的大海撒手人寰。而另一个地方，另外两个饥饿的人，他们也得到了长者的恩赐，一根鱼竿和一篓鱼。只是他们并没有分道扬镳，而是决定一同前去寻找大海。路上，两个人规定每次只煮一条鱼，最终，靠着那一篓鱼，经过长途跋涉，他们走到了海边。从此，两人靠捕鱼养活着自己。几年之后，在这个地方，他们建起了房子，还有了各自的家庭和孩子，他们建造了自己的渔船，过着幸福的日子。从这里就可以看出，一个人的眼界是多么的重要，假如只看得到眼前的利益，很多情况下得到的是短暂的欢乐，而只有目标高远的人，才能得到长久的幸福。

南怀瑾先生作为一个长者，他深知一个人的眼界对其发展有着重大影响，他深知健康的人生一定是需要有远谋的，所以，他一直希望我们每一个人都能将眼光放长远，因为，只有这样，才能尽可能地避免祸事的发生，才能更好地向前走。

凡事预则立，做一个有远见的人

西方有句谚语：“如果你不知道你要到哪儿去，那通常你哪儿也去不了。”人的生活往往是忙碌中又充满了迷茫。向左走？向右走？这时做好了准备再前进，才会收到事半功倍的效果。南怀瑾先生曾讲过布利斯定律，这个定律是由美国行为科学家艾得·布利斯提出来的，指的是在做一件事之前，花些时间做一个细致的计划，完成这件事所花的总时间就会减少，工作效率就会提高。

关于布利斯定律，还有这样一个有名的实验：几个心理学家召集了一些学生，将其分成三组，进行不同方式的投篮技巧训练。给第一组学生规定，每天练习投篮，坚持练习 20 天，然后把第一天和最后一天的成绩记录下来；对第二组学生的要求是，不做任何的练习，只是把第一天和最后一天的投篮成绩记录下来；对第三组学生的要求是，记录下他们第一天的成绩，然后每天用20分钟的时间，在想象中练习投篮，如果投篮不中，便在想象中调整。20天后，这三组学生投篮考试。通过考试结果发现：第二组的学生投篮能力没有任何提高，第一组学生的投篮命中率提高了24%，第三组学生的投篮命中率提高了26%。最终得出的结论就是，在行动之前，进行计划和“头脑热身”，想象到自己即将要做事情的每个细节，将会大大增加成功的几率。只有这样，才能高效，反之，盲目地去做，很有可能将事情搞得一团糟。

我国著名演员周迅曾写过名为《想想十年后的自己》的文章，文章中她回忆到：18岁之前，她是个不知道自己想要什么的人，那时的自己，每天生活得很随意，完全没有一点规划。直到教他专业课的一个老师找她谈话：“周迅，你能告诉我，你对于未来有什么打算吗？”周迅当时愣住了，她不明白老师怎么突然问她这么严肃的问题，她更不知道该如何回答。老师接着问她：“现在的生活你满意吗？”她摇摇头。老师接着说：“不满意的话证明你还有救。你现在就想想，十年以后你会是什么样？”就是这样，周迅第一次开始认真的思考自己的今后的人生，说道：“我希望十年后的自己成为最好的女演员，可以发行一张属于自己的音乐专辑。”老师问她：“你确定了吗？”她坚定地回答了：“是的。”老师接着说：“既然你确定你十年后的目标，那么，我们就把这个目标倒着算回来。十年以后，你28岁，那时你是一个非常红的大明星，同时出了一张专辑。那么你27岁的时候，要达到那种程度；26岁的时候又必须走到了那个阶段……”就是这样的引导，周迅一下子意识到自己要马上为自己的理想而努力了。想到目前的自己什么都不会，每天不思进取，她觉得莫名的恐惧。这时，老师又对她说道：“周迅，你是一棵好苗子，但是你对人生缺少规划，散漫而且混乱。我希望你能在空闲的时候，想想十年以后的自己，到底要过什么样的生活，到底要实现什么样的目标。如果你确定了目标，那么希望你从现在就开始做。”周迅一下子清醒过来，明确了自己的目标，列出了自己每一年的计划。之后，她开始有目的地按照计划一步步前进，最终她在演艺圈取得了成功。正如周迅自己所说的，“假如不是那个老师点醒自己去规划一下人生，可能现在依旧没人认识周迅是谁。”

事先有了清晰的奋斗目标和方向，并且给自己订下清晰的计划，时刻以此鞭策自己的行为，这就是周迅走向成功的秘诀。在南怀瑾先生看来，很多事情，都是一样的道理，“预则立，不预则废”。当你做一件事情之前，你做准备和做计划的时间越多，那么做这项工作所用的总时间就越少，效率就高；反之如果事先不做好准备和计划，那么不但你做事的效率低，而且很有可能做无用功，浪费了时间又一事无成。

中道，理想之境地

中道，可一言而尽也。

——南怀瑾

中道，奉行的是古代儒家的中庸哲学，其特征是灵活变通，适中为美。比如：不即不离，关系保持适当距离；不卑不亢，应当体现自我尊严；不丰不杀，既不奢侈也不吝啬；刚柔相济，能够调和性格；一张一弛，可以把握生活节奏……总而言之，中道原则是适可而止，恰到好处。

南怀瑾非常推崇中道思想，他举过中医的例子，他认为中医文化的核心理念是执中致和，也就是使阴阳两边保持适中与调和的状态，他们治病的原则是执中，强调不热不寒、不实不虚、抑强扶弱、阴阳互补。更重要的是预防疾病，这就是致和，需达到平衡，避免失调，使我们的身体保持稳定。古人曰："德莫大于和，道莫正于中。"南怀瑾先生教导我们，面对复杂的世界与多变的人生，我们要牢牢记住中道原则，就能够应付自如，和谐处世。

识时务者为俊杰

南怀瑾先生说，我们生活中的很多人，在学习、工作中，总是凭着一股横冲直撞的劲头向前走，等到回过头来想一下的时候，发现自己的努力并没有得到应有的回报。那是因为，我们却缺少了对眼前形势的认真分析，只是有勇无谋而已。他教导我们，任何时候，都要保持清晰的头脑，及时根据形势的变化而变化，学会审时度势。

陈婴是秦末的一个东阳令史，为人谨慎、讲信用，十分受人爱戴，被人尊称为长者。之后，天下大乱，群雄并起，东阳县的县令被人杀死，东阳县群龙无首，很多人请他来当首领。陈婴的母亲知道后，语重心长地对他说：“我在这个家里几十年，从来就没有听说咱们家会出来一个达官显贵。如今，你面对这么个高位，受到这么多人的爱戴拥护，一定会遭人嫉妒陷害的。你还不如不要接受这个高位，另选他人，你当助手，这样一来，事情若是成功了，你就算命大，兴许还能得到赏赐，但若是失败了，也不至于招来杀身之祸。”陈婴听后，认真思考了一下，觉得母亲说的很有道理。他知道当前形势混乱，自己也是能力有限，如果一味地被推着往前走，未必就是好事情。于是，他听从了母亲的建议。最后取得了成功，也留下了声名。

所以，在做任何事情的时候，一定要认清形势，顺应时代潮流，同时，要根据自身实力，量力而行。“时势造英雄”这句话很有道理。为什么往往在乱世的时候就会出现很多的英雄名将，而在和平年代却寥寥无几呢？原因就是时代浪潮的推动。学会识时务，拥有自己的独特的慧眼，抓住这个人生的中道原则，你很容易成就自己的一番事业。

人世浮沉，宠辱不惊

“宠辱不惊，闲看庭前花开花落，去留无意，慢随天外云卷云舒。”南怀瑾先生认为这就是一种理想的中庸状态。不偏不倚，不急不躁，人世虽浮沉，却能做到宠辱不惊。正所谓，为人做事，能视宠辱如花开花落般平常，才能不惊，将名利职位看作云卷云舒般变幻，才能无意。反之，若得之则惊，失之亦惊，难成大器。南怀瑾先生深受孔子思想的熏陶，孔儒思想不以功利为主，它重视自身的德行，讲究自身的修养，修身齐家治国平天下，最基本的便是要做到修身。修身，修的是心与身，万事万物，守住本心，不以物喜，不以己悲，将心态锻炼得平和端正，便是极好了。

学者钱钟书先生一生都在践行着宠辱不惊的准则。早在 20 世纪 80 年代，美国著名的普林斯顿大学曾专门邀请钱钟书去讲学，并开出天价报酬，但是，被钱钟书拒绝。1991 年，全国十八家省级电视台联合拍摄《中国当代文化名人录》，要拍钱钟书，依旧被他拒绝。很多人劝说他，你拍了这个片子，曝光率就会大大提高，还会有很多酬金。他只是回以淡淡的一笑："我都姓了一辈子'钱'了，还会迷信这东西吗？"著名小说《围城》发表以后，在国内外引起了巨大的轰动。一时间，很多的媒体、学术界文人前来拜访他、想要一睹他的风采的人络绎不绝，都遭他的婉拒。有一位外国女士打电话，说她读了《围城》，非常想要见一下他本人。虽然钱钟书先生再三婉拒，她仍然执意要见。钱钟书最后幽默地对她说："假如你吃了一个鸡蛋，觉得鸡蛋还不错，那么，你觉得你会追着去认识那只下蛋的母鸡吗？"在钱钟书八十大寿之前，亲朋好友、学者名人、新闻媒体、机关团体都纷纷想要前来拜寿，他全都一一拒绝了。

由此可见，虽然学术界对钱钟书的称颂日渐声高，但是，钱钟书依旧像往常一样的平静安详。他谢绝一切记者和学者的见面，谢绝一切虚无缥缈的头衔，用他夫人的话说："他从不把自己侧身大师之列，他只是想安安心心、低调地做学问。"南怀瑾先生一生都在追求着宠辱不惊的人生状态，同时，这也是他对世人的希冀。人生中跌跌撞撞，起浮漂泊很难预料，充斥着太多的无奈与辛酸，所以失败过后的成功显得尤为珍贵，但是，令人叹惋的是，有的人就是因为经历了之前的失败，所以将得到的这份成功看得太紧，反而束缚了自己可以继续前进的步伐，若能做到宠辱不惊，将失败与成功，都看为再平常不过的事，那么，才能有更广阔的胸怀去拥抱更好的生活。

动则变，变则化

世间无不可变之道理，无不能变之关系。

——南怀瑾

宇宙间任何事情、任何物体，随时随地都在变化，没有不变的东西。进退是大原则，是动态，是一进一退之间的现象，所以变化是进退的现象，非进则退。

世事变幻无常，没有人能够一帆风顺地过一辈子。从那些已经取得了成功的人身上，你会发现，在通往成功的路上，必须要能适时地灵活变通，否则道路就会崎岖难行。在全球化飞速发展的今天，灵活变通在人们生活中占据着重要的地位。正如那句话所说“穷则变，变则通，通则达”，只有灵活应变，才能更好地帮助我们踏上成功的坦途。

知变通化敌为友

任何事情都是处于变化之中的，很多时候，事情的发展不受控制，会在自己的预料之外。面对这种情况，不用害怕，只要够做出改变，根据变化而灵活地采取措施，很多问题都会迎刃而解。

我们经常会与他人有这样或那样的矛盾，有时因为一件微不足道的小事而恶语相加，甚至是大打出手。矛盾的产生往往难以预料，原因也通常很可笑，而结局总是令人痛苦。我们怎么避免与人冲突呢？那就是灵活变通，退一步海阔天空，化敌为友。南怀瑾先生说，世界上的事，世界上的人，乃至宇宙万物，没有一样东西是不变的，就算敌人也可以成为朋友，时刻谨记宽容变通，海纳百川，有容乃大。

美国总统富兰克林在年轻的时候，用他所有的积蓄投资了一个小印刷厂。为了能有个好的发展，他决定积极争取为议会打印资料、文件的机会。为此，他想了很多方法，做出了很多努力。但是，当时有个有钱、有势、有威望的议员非常讨厌富兰克林，总是敌视他，甚至还在公开场合斥骂他。富兰克林觉得，这样下去，自己一直都不会得到机会，那自己的印刷厂就要倒闭了。所以，他决定改变，先从这个一直敌视他的议员开始，他下定决心要让这个议员从讨厌自己变成喜欢自己。他积极地与这个议员攀交情，态度诚恳。有一次，他听说这个议员家中藏有一本非常稀缺的书，就写信给他表达了想看的愿望，保证几天之后，肯定亲手送还。议员从他的来信中，觉得字字真诚，就派人把书交给了他。一个星期后，富兰克林把书还给他，还附上一封真诚的感谢信。就这样，他们有了一次愉快的交往。之后在议会里相遇时，议员还主动跟富兰克林打招呼，并且极为有礼。就这样的，慢慢地，两个人变成了很好的朋友，互帮互助。很快，富兰克林的印刷厂就包揽了议会的所有打印机会。

正是富兰克林这种处理人际关系的方法，才使得他前进的道路更加宽阔、更加平坦。他的这种知变通，值得我们每个人学习。试想一下，如果他一味的怨怒，不知变通，那么这个议员还会很乐意地帮助他吗？南怀瑾先生说，一切的人和事都是在不断变化的，我们不能片面地看待问题，以前是自己的敌人，以后或许成为朋友。成大事的人必然要懂得包容人的道理，一个朋友一条路，一个敌人一片堵，化敌为友就是要将“堵”变成“路”，使未来的生活道路畅通无阻。

静思变通

人生在世，无论我们遇到什么困难都应该学会变通。因为客观环境在不断变化，我们必须随着客观环境的变化而变化。正如诸葛亮所说：“因天之时，就地之势，依人利而所向无敌。”只有这样，我们才可以克服困难，一步步走向成功。对于善于变通的人而言，这个世界上不存在困难，即使有困难，那也是暂时的，一旦利用自己的变通，很快就能将问题解决。所以，善于变通的人只有一个归宿，那就是成功。人生在世，每个人的自身条件不一样，每个人遇到过的困难也迥然不同，那么，每个人采取的方法更是不一样的。但有一点是一样的，就是任何人遇到任何困难，善于变通一定会对其起到很大的作用。

在一个村子里，有两个年轻人，一个叫阿一,一个叫阿二。他们相约到外地去做生意，将家里的田产全部变卖，带着钱和驴子上路了。一段时间后，他们走到了一个生产布匹的地方，阿一对阿二说:“在我们那里，布是很值钱的东西，我们用钱将这些布买了，到我们那里卖，一定会挣得很多钱的。我们就这样办好不好?”阿二同意了，两人买了布，捆绑在驴子背上继续赶路。接着，他们到了一个盛产毛皮的地方，阿一对阿二说:“毛皮在咱们故乡比布更值钱，我们把布卖了，换成毛皮，岂不更好?”这次阿二拒绝了:“不了，我的布已经牢固地捆在了驴背上，还得搬下来，太麻烦了。”于是阿一就把自己的布全换成毛皮，还剩了一些钱。阿二依然只有一些布。他们来到一个生产药材的地方，阿一对阿二说:“药材在我们家乡是更值钱的东西，你把布卖了，我把毛皮卖了，换成药材带回故乡一定能赚大钱的。”阿二说:“不了，我的布已经很安稳地在驴背上，何况已经走了那么长的路，卸下太麻烦了!”阿一把毛皮都换成药材，还赚了一笔钱，阿二依然有一驴背的麻布。后来，他们来到一个盛产黄金的城市，那里到处是金矿，什么都有，唯独缺少毛皮和布，阿一卖了毛皮，换成了一大笔的黄金，又赚了一笔钱，阿二依然守着自己仅有的那些布。最后，他们回到了故乡，阿二将麻布变卖，只换取了很少的一点钱，而阿一把黄金卖了，成为当地最大的富翁。

从这个故事中不难看出，变通对于阿一的意义有多么重要。同样，大禹治水的故事我们也都知道，为什么大禹会那么聪明地用疏导法来治水，而他的父亲就想不到，最终落得被砍头的结果？其实，并不是谁比谁更聪明，根本在于是否知道变通。南怀瑾先生经常教导我们，行走在人世间，善于变通在我们的生活中扮演着重要的角色。很多时候，一个人是否善于变通，对其发展起着决定性作用。

天地之道，悠也，久也

天地之道，一曰“简”，一曰“易”。

——南怀瑾

“天地之道”这个词早在《乐记·乐施》中就出现过：“天地之道，寒暑不时则疾，风雨不节则饥。教者，民之寒暑也，教不时则伤世。事者，民之风雨也，事不节则无功。然则先王之为乐也，以法治也，善则行象德也。”这段话的意思是，天地运行的规律，天气的冷热不按时交替，就会发生灾祸；风雨不调和就会出现饥荒。教化对于民众就像风雨的变化一样，不及时施教就会危害社会。南怀瑾先生对此观点也是非常认同，在他看来，天地之道，博大精深，但并不全是可望不可即、晦涩难懂的道理，它可以包含很多方面的内容。

把握当下，活在当下

南怀瑾说：“道德品格的完善在于，把每一天都作为最后一天度过，既不对刺激做出猛烈的反应，也不麻木不仁或者表现虚伪。”有人说人的一生有三天——昨天、今天和明天，这三天组成了人生的三步曲。但南怀瑾先生却认为，人的一生其实是由无数的今天构成的，不能珍惜今天的人，不会感怀昨天，更不会憧憬明天。只有活在当下，抛却过去的烦恼与忧愁，舍掉对未来的担心，把自己所有的精力投入到自己正在经历的当前，才最真实。

在美国，有这样一个名叫琼斯的老妇人，她已经 92 岁，身材娇小但仪态自若，不像一般老人那般憔悴苍老、老态龙钟。每天早晨 8 点钟，她都会精心地穿着打扮，拥有着非常时髦的发型、完美的妆容和精致的穿着，然而，实际上，她是一个有一只眼睛失明的孤寡老人。唯一的儿子在一次车祸中离世，丈夫也在不久前去世，她不得不住进养老院。然而她仍然像往常一样，精致地打扮一番，等待着养老院的人将自己接走。在路上，养老院的护士给她描述着她即将要入住养老院的情况。琼斯夫人听后说道:“我非常喜欢。”脸上还流露着像孩子一样的热情和兴奋。护士感到非常讶异:“琼斯夫人，您都还没到那里自己亲眼看看……”琼斯夫人回答道:“这和看不看没有什么关系。幸福快乐是由自己的内心事先决定好的。我是否喜欢养老院、喜欢那里的生活，并不在于那里的外在条件怎么样，而在于我事先怎样安排我的想法。在我看来，快乐地活在当下很重要，所以，对我来说，无论任何事情，我都会用最积极的心态接受所有变化，并且在种种的变化中寻找最好的应对方式。”看着护士若有所思，琼斯夫人接着说道:“孤身一人留在世上，可能别人看着我很可怜，然而事实上，我并不这样认为，儿子、丈夫去世我固然很心痛，离家住到养老院我也会有难过，但是，我不会让那些负面的情绪一直影响着我。生命很珍贵，我活在世界上，就要快乐地享受每时每刻的当下，而不憎恨抱怨过去的种种，也不担忧期盼未来会怎样，只要我当下开心快乐，就已经是在珍惜生命，就已经活出了我的精彩。”

南怀瑾说:“人心情最好的时候，可能就是把每一天当成最后一天的时候。”在他看来，如果把人生的每一天都当成是最后一天，你必然格外珍惜那一天，就会完全的把握好那一天，以自己的真正快乐为准则，做自己最想做的事情。抓紧时间生活，抓紧时间快乐。这个时候，所有的苦闷、烦恼必然会在不知不觉中离开你。你就不会再有无聊、空虚的感觉，也不会无所事事。是的，只有内心真正地意识到每一天的重要性，你的生命才会越活越有价值，越活越洒脱。

恰若南怀瑾先生所言:“人生永远是今天，不要看昨天，昨天已经过去。不要想明天，明天也没有。”假如今天是生命中的最后一天，该做些什么？该如何做？把昨天从记忆中清除，明天更不用去想象。明天是一个未知数，其中的变数更是不可预测，因此为什么要将今天的精力白白给未知的事？珍惜当下，珍惜今天，才会获得快乐。

简单过生活

南怀瑾曾说："一切本来就是如此，一切法便是一切法的理由，更没有什么其他原因不原因的，这样就叫法尔如是。从法尔如是来看道法自然，最清楚不过了。"老子讲："有物混成，先天地生。寂兮！寥兮！独立而不改，周行而不殆。可以为天下母，吾不知其名，字之曰道。"其中的"道"看不见也摸不着，它超越一切万有之物，悄然自立，不动声色，不因自然的变化而变化，不因世界的生灭而生灭。总结之下不难得出，其实他们要说的不外乎就是"大道至简"这个道理了。

梭罗逃离尘世喧嚣，想要回归自然的安谧，寻找一种本真的生存状态，寻求一种更诗意、更简单的生活。《瓦尔登湖》一书为我们详细地展示了作家在长达两年的时间里的日常生活状态以及所思所想。他搭建木屋，开荒种地，一切东西都自给自足，回归到了最原始的生活状态。他热爱自然，向往自然，与湖水、森林对话，与动物嬉戏，在船上吹笛，在湖边钓鱼。夜间，在小木屋中认真记录自己的观察和思考。他追求精神生活的简单，关注灵魂的修养。他骄傲地宣称："每个人都是自己王国的国王，与这个王国相比，沙皇帝国也不过是一个卑微小国，犹如冰天雪地中的小雪团。"梭罗以自己的实际行动告诉我们：人们所追求的大部分奢侈品，大部分的所谓生活的舒适，是完全没有必要的，是一种生命的负担，会阻碍自己，甚至是阻碍整个社会进步的。

自然简单是一种最睿智的生活方式，心随着年龄、阅历的增长而越来越复杂，但生活往往是越简单越好。保持简单的生活方式，不因外在的环境影响而痛苦，便会更懂得生命简单的快乐。生活中，面对世间复杂的事情，我们四处寻找解决的途径，甚至想摆脱这些东西，殊不知，并没有谁捆住你的手脚，真正需要摆脱掉的是我们内心的困顿。我们需要做的，不是向外寻找解脱之道，而是向内打破自己心中的瓶颈，让自己变得简单一些，你会发现更加异彩纷呈的天空。

“人生天地之间，若白驹过隙，忽然而已。”在南怀瑾先生看来，人的一生不过是生活在人间数十载罢了，无论是轰轰烈烈、纷繁复杂，亦或是平平凡凡、简单自然，人的生命终归会在一个特定的时间结束，这是谁都无法避免的。所以，不要刻意追求什么，不要向生命强求什么，不要给自己设置障碍，简单而自然，那么我们本性中的道，就会引导我们走向幸福的生命殿堂。

第七章

南怀瑾谈进退智慧

中规中矩，知进知退

传统儒家思想提倡中庸法则，就是教人学会中规中矩，懂得进退之道。中庸文化强调凡事留有余地，以诚、以宽、以礼待人；不偏听偏信，也不轻易放弃，是一种进退有度的智慧。南怀瑾先生也认为，中庸是让人存于内，发于外，是退而自守，进而为学的大智慧，无论治理国家还是发展个人事业，谨守中庸的进退智慧，功效自然水到渠成。

明道而行道，过犹尔不及

做人做事，稍有不慎，都会过犹不及。做得恰到好处，符合中庸之道，才是最正确的。

——南怀瑾

万物发展有其规律，到了极致就会向反方向行走，到了鼎盛时刻就会走向衰败。熊熊烈火，意味着马上就会熄灭；鲜花怒放，意味着凋零的时刻也不会太远。因而，南怀瑾先生教导我们，对于万事万物，不要过分去追求，知道过犹不及的道理，才会有很多意想不到的收获。

功成身退，天下大道

老子在《道德经》中讲到："持而盈之，不如其已。揣而锐之，不可长保。金玉满堂，莫之能守；富贵而骄，自遗其咎。功成、名遂，身退，天之道也。"意思是说，拿着碗给它盛满了水，不如适时停止。锤打金属使它锐利，不可能长久。金玉满堂，没人能守得住。富贵骄傲，自己招来灾祸。功业完成就退位归隐，这就是自然大道。南怀瑾先生非常认同老子的这段话，在演讲、教学中，他常常用这句话教导青年学生。

在南怀瑾先生心中，他对"功成身退"这个"退"有自己独到的见解。他认为，此处的"退"是在告诫我们，处于成功时刻要记得保持内敛、及时反思，不要一味贸然前进，要时刻停下来想一想，给自己驻足停步的时间，去总结、反思。只有在停下来的时刻，甚至是有时需要后退几步，才能看明白、想清楚很多事情，才能继续前行。他举了虫子爬行的小故事说明这一道理，一个没有四肢的虫子，需要身子收缩一下再展开，才能继续前行。为人处世，也是一样的道理。南怀瑾先生认为只有适时后退，才能积蓄力量，获得更大成功。大千世界，芸芸众生，很多人都在追逐功名利禄，真正能够做到超然物外的人少之又少。这其实是人类本性中的贪欲在作怪，这一劣根性诱导着人在名利场上迷失自我。当名利双收的时候，很多人不知足，还想要更大的成功、更多的利益、更大的名誉。但是，很多人在这个时候就开始慢慢走下坡路。那么，到底该如何留住这些已经获得的功名、成就呢？如何能够避免这些东西像烟花般短暂的闪烁后就灰飞烟灭呢？

南怀瑾先生给我们一个形象的比喻：拿出一个杯子，往里边加水，在水杯即将满的时候，不要停，继续加水，结果会是怎样？非常明显，水肯定会溢出来。同样的道理：我们拉满弓后继续用劲拉，结果会怎样呢？毫无疑问，当然是弦被拉断。这两个简单通俗的例子形象地说明了“满招损”的道理，什么东西都不能太过，很多人虽然都知道这个小道理，但与我们的实际生活和自身的欲望挂起钩来，就很少有人还会用这个道理约束自己了。

南怀瑾总结自己的一生，他发现，一个人居于成功的巅峰，就很容易骄傲自满，居高自傲，面对利益、功名的诱惑，他们很难将其割舍。因为一想到自己在这条走向成功的道路上，经历的千辛万苦、付出的汗水与眼泪，他们就很难舍弃成功后的成果。也就是一旦自己拥有，就想要永远拥有。一方面认为这是自己付出无限努力的回报，另一方面也是为了满足自己向他人炫耀的虚荣心。南怀瑾先生给我们指出了一条青年人非常容易走错的路，月满则亏，日中则昃，水盈则溢，一旦我们过分追求那些既得的荣誉、利益，就很容易被其遮住双眼，蒙蔽心智，很容易误入歧途，这一点，我们一定要注意。

盛极必衰，物极必反，月满则亏、水满则溢。南怀瑾先生还启示我们为人处世要适可而止，进退有度，“功遂身退”就是很好的一个例子，一定不要无限制地去满足自己的无止境的欲望，不居功自傲，不恃名而骄。真正做到这样，我们才不会招致大的祸患，才能做到收放自如、进退有度，才能达到失即是得、退即是进的境界。

做事要把握分寸

自古以来，我们都提倡做事要把握分寸。南怀瑾先生也是非常赞同并多次提到这个观点，那什么是把握分寸呢？在南老先生看来，把握分寸指的就是，为人处事中要懂得适度，明白什么是该做的，什么是不该做的。掌握好分寸是聪明人的一种智慧。他指出，把握分寸实际上是为人处事的准则，掌握好分寸，向他人传达的是一种尊重之情，向他人展示的是一种自我素养。日常生活中，如果一个人能够把握好分寸，说话有度，交往有节，办事得当，那么，这个人一定是受人爱戴的人，是一个别人愿意与之交往的人。

相信大家都听说过蔡元培先生，蔡元培先生就是一个在生活和教育中十分有分寸的人。他在担任北京大学校长期间，推行“思想自由，兼容并包”的方针，将新派与旧派巧妙地结合起来，既集中了许多新文化运动的著名代表人物，也有政治上保守而旧学深沉的学者。因为他巧妙地把握了分寸，才让新派和旧派得以和谐相处。那时的新派和旧派是水火不容的两个学派，分寸如果把握不好，就极有可能发生激烈的争执。蔡元培先生用他的智慧巧妙地化解，掌握好了这两个学派共存的分寸。

作为一位投身改革的革命家，蔡元培也很善于把握分寸。“苏报案”前夕，清政府打压非常严重，他即听从亲友劝说，避居青岛。他主编《警钟》时，报纸言论既能切中清政府要害，又不为其拿住把柄。与此相反，刘师培接管该报，大肆发表反清文章，办事没有一点分寸，不久报社即被查封。而蔡元培牢牢地把握好了分寸，既保护了报社不被查封，也达到了自己讽刺清政府的目的。总之，蔡元培身处反清革命第一线，而能从容进退，种种都反映出他对分寸的掌握度，也反映出了为人处世掌握分寸的重要性。

通过蔡元培先生的故事，我们能够深切体会到掌握分寸的重要性。把握分寸是人的一种综合素质，是内在涵养与外在经验的集中表现。现在的社会越来越要求我们学会把握分寸，做事把握分寸，能让我们更好地为他人谋利益。但是，在生活中能够真正掌握好分寸，是一件非常不容易的事。尽管这样，南怀瑾先生也是积极鼓励大家，慢慢学习、慢慢掌握把握分寸的智慧，一旦做到这样，将会让我们受益一生。

以攻为守，方能圆融于世

为人处事，善于运用巧妙的曲线，便可以事事大吉。

——南怀瑾

《易经》中有“走曲线，曲则全”这一说法，“曲”是为了减少阻力，是为人处世的方法，以弯曲和旋转求得全面认识，是合乎道和自然规律的。换言之，做人要讲艺术，便要讲究曲线的美。南怀瑾先生对“走曲线，曲则全”做了形象的比喻：“人生好像在大海中航行，时时遇见波涛阻力，因此船头不能做成方形，而做成尖圆形，就是为了减少阻力。”我们在生活中，一件事情走直线有时候是不行的，需要换个角度，反而能够达到意想不到的效果。善于运用曲线的奥妙，才能在纷繁复杂的社会中游刃有余。

适应环境，改变自我

南怀瑾先生告诉我们，世界上能够真正做到随心所欲的人很少。外部环境不可能每时每刻都让我们满意，在对环境不满意的情况下，不要试图改变环境，想着从自我着手，改变自我，逐渐将不满的程度降低。只有这样，才能战胜更多的困难，才能最大限度地实现自我，才能让自己生活得更幸福快乐。

著名的文学家托尔斯泰曾经说过：“世界上有两种人，一种是观望者，一种是行动者。大多数人想改变这个世界，很少有人想到改变自我。”南怀瑾先生认为，面对不能改变的环境，我们可能无法适从，但是，改变自己，积极地去适应环境，何尝不是一种以攻为守的智慧。

在一块悬崖峭壁上生长着两棵松树，一棵较大，一棵小的，小松树每天唉声叹气，向大松树抱怨：“你看那些生长在泥土里的松树，他们可以毫不费力就吸取到泥土中的营养和水分，再看看我们两个，每天拼了命地扎根生长，还是不能尽情享受泥土的滋养。我们生活得这么艰辛，付出了这么多，还是没有其他松树得到的多，真是懊恼。继续生活在这毫无希望的岩石缝中，真是一种煎熬！”大松树摇了摇头说道：“你不能抱着这样的心态生活，你的这些抱怨也是毫无意义，我们必须要生活在这里，条件好也好，不好也罢，都是既定的事实，我们无法改变。既然这样，为何不改变自己的心态，快乐地生活呢？为什么要让生活过得这么煎熬呢？”小松树回答道：“这也不能怪我呀。如果有一天，这里巨大的岩石块变成一堆湿润的泥土，那该有多好呀。”大松树说道：“孩子，听我一句忠告，不要一直抱着不切实际的幻想，不要一直埋怨命运，那是毫无意义的。只会给自己的心灵上了一把命运不公平的枷锁，这样下去，只会一直将快乐锁在外面的世界。不要一直总希望环境来适应你，无法改变的环境，你必须要积极改变自己来适应它，这才是最重要的。”

是的，我们很难改变外界的环境，可以改变的，只有我们自己。南怀瑾先生说道，就好像很多人在年轻的时候，渴望改变这个世界，但是，随着年龄、阅历的增长，成熟的他们最终懂得了其实个人是无法改变世界的。有时候，我们心中认为的改变了世界，其实是在不知不觉之中改变了自己而已。所以，年轻的人们，一定要听从忠告，学会改变自己，适应环境，这才是最可能实现的，也是最能让我们圆融于世的方式。

以退为进，方圆并济

南怀瑾先生认为，所谓的“以退为进，方圆并济”，就是内心要坚定，自己要坚守立场和原则，不能别人要做坏事，你就赞成坏事。外表沉默圆融，但要坚定自己的信念，更不能人云亦云，随时改变。过于锋芒毕露很难与社会融合，过于委曲求全又会显得非常懦弱。外圆内方，恰到好处，才能在纷繁复杂的社会中游刃有余。

古时，有个叫颜阖的人，因为一个偶然的机会，被任命为卫灵公太子的老师。太子的脾气非常暴躁，所以对颜阖来说，当太子的老师并不是个很好的选择。一方面他觉得责任重大，另一方面他心中对太子存在畏惧。所以，他不知道自己是否可以担起这个重任，内心非常矛盾。于是，他就去请教他的一位好朋友蘧伯玉，对他说："卫国太子性格暴躁，一句话说不好可能就会惹来杀身之祸。但他以后肯定是一国的君王，如果我不负责任，不管他，只当一个名义上的老师，这样的话，太子的缺点不会得到改正，反而会越来越严重。这样子下去，国家是非常危险的，注定是没有未来的，很有可能就葬送在太子手中。这样一来，我的罪过就大了。但是，如果我真的用严格的教育方法，要求他改正错误，他将来一定恨我，我的性命随时可能丢掉。我现在很矛盾，你说我到底该怎么办呢？"蘧伯玉只说了四个字："戒之，慎之。"意思就是随时要警戒自己，说话做事一定要万分谨慎。蘧伯玉又告诉颜阖说："其实，你不一定非要强硬地与他对着来，你表面上可以迎合他，跟他永远站在同一立场，但是自己要有内在的道德标准，用委婉的方式帮助太子一点一点改正错误。既然太子未来肯定要当君王，你就要教育他成为一个好国君，对国家有所贡献。他做事幼稚，你在表面上要跟他一样幼稚，只是无论做什么事，都比他好一点，都要清醒一点，这样就可以将太子引向正路，你自己也不会有生命危险。"

从这段话中，就可以看出，蘧伯玉是在告诉好友，学会通达，学会圆融，不过于古板，适当地以退为进，不至于给自己招来祸患，也能对太子起到更好的引导作用。在很多时候，南怀瑾先生也是这样教导学生的，适当以退为进，圆融地处理世事，才是合适的人生处事原则。他曾拿老子的一句话教育我们："适可而止，不与强者为敌。"南怀瑾先生认为，"适可"可以理解为恰到好处。这句话的意思是说，到适当的程度就停下来，不与比自己强很多的人正面冲突，只有这样，才不至于让自身处于危险、尴尬的境地。

执满之道，过于圆满，得不偿失

人生，永远是缺憾的。

——南怀瑾

南怀瑾先生认为，很多时候我们抱怨怀才不遇、命运不济、生活坎坷，总是认为自己理想中的生活应当是无可挑剔、完美无缺的，但是真正的生活却永远充满失望和不顺心。俄国短篇小说巨匠契诃夫曾说：“完美是种理想，允许你十次修改也不会没有遗憾。”仔细想来确实如此，就算让你重新再活几次，你都不会觉得你的人生是圆满的、了无遗憾的。

人生少有真圆满

南怀瑾先生在《缺憾的人生》里写道：“人生，永远是缺憾的，佛学里对这个世界叫作娑婆世界，翻译成中文就是能忍耐许多缺憾的世界。本来世界就是缺憾的，而且没有缺憾就不叫作人的世界，人的世界本来就有缺憾，如果圆满那整个人就完了。就像男女之间，大家都求圆满，但中国有句老话，吵吵闹闹的夫妻，反而可以白首偕老；两人之间，感情好，一切都好，就会另有缺憾，要不是没有儿女，要不就是其中一个人早死。”然而，人生的缺憾不仅仅是感情，还包括生死、升学、工作等。这么多的事情，总会有缺憾的。但若事情早有定论，就不要再想太多，顺其自然就好，就算所有的一切都尽善尽美，那么随之而来的也会有其他问题。

科学家霍金在他 21 岁时患上了不治之症，医生预测，他最多还可以活两年。这个消息对他来说就像晴天霹雳，他不知道该怎么办，他消沉、暴躁、痛苦，任谁劝说都没有用。直到有一天，他突然想明白了，清醒了：我并不算那么倒霉，老天并没有一下子夺走我的生命，他还给了我两年的时间，两年的时间，说短也短，说长也长。所以，我不应该就这样放弃。与其一直痛苦的等死，倒不如与病痛为伍，为家庭，为理想，果断地“站起来”，继续自己的研究。至于自己什么时候倒下，自己不能决定，就顺其自然吧。他努力地让一切重归原位，继续自己之前的学习和研究。在他的一次演讲中，他曾讲道：“是的，病魔将我永远固定在轮椅上，但我不认为命运让我失去太多，我的手指还能活动，大脑还能思考，我有终生追求的理想，我有爱我和我爱的亲人和朋友，我已经觉得非常满足。人生在世，总会有一些狂风暴雨向你袭来，这都非常正常。很多人问我，为什么我能如此坦然面对疾病，那是因为，在我看来，我并不觉得疾病对我有多大的影响，我每天沉醉在自己的世界里，每天都在努力地像正常人一样生活。既然病魔注定要与我为伴，那么，我为什么不乐观地接受呢？当你真正能够看开这一点，你就不会再觉得痛苦。”的确，用霍金自己的话来说，每个人都会遇到生命中的一些挫折，有的大，有的小，只不过自己刚好遇到的就是疾病而已。无需过度的担忧或者是痛苦，淡看它们，让一切顺其自然，坚定地走自己的道路，这样的一生，未必就是不完满的一生。

在南怀瑾先生看来，“完满”只是人看待问题的一个方面。或许有人将身体的一种缺憾看作人生的不完满，但是，换一个角度，因为身体的缺陷，你得到了别样的经历和体会，这何尝不是人生中的一种完满，或者，换句话说，真正的人生，很多都是充满了缺憾。

不完满才是人生

南怀瑾先生认为，世间万物都是十分精彩的，但是，因为有了不完美的缺憾，万物可以变得更加光彩夺目。例如人生，有过成功或失败的经历，才能从不同的视角感受人生，才能让人生更加丰盈、有韵味。南怀瑾先生每次给青年学生授课时，都会讲到这些。他认为，现在的青年，太过于追求完美，以至于丢掉了很多机会，耽误很多事情。作为一个长者，他殷切地希望大家都能够明白，真正的人生，都是由一些不完美的片段组成。接受这些不完美的因素，才能使自己朝更美好的未来前进。

季羡林早年在德国留学时，曾经与一名才女相知、相恋、相爱、相惜，然而，残酷的事实却摆在季羡林的面前：他要报效国家，他要在国家需要他的时候，毅然回到祖国的怀抱。忍受锥心的痛苦和不舍，季老回到了国家，离开她心爱的人。这一去，两人便再也没能见面，只是在世界的两端，两颗孤独的心默默地回忆着曾经的幸福。“文化大革命”期间，季羡林经历了许多，这种生命中的不完美，并没有将他打倒。由此可见，季羡林先生愿意接受不完美的爱情、不完美的经历，他不后悔回国，他不后悔选择离家读书，他不后悔成为教授，各类生活经历是一段不完美的缺憾，但正是那段痛苦的经历成就了他，因为若没有经历这种不完美，也许他永选不会有如此的思想起伏，平淡无波的人生是缺乏深度的，是极度肤浅的。

唐太宗说：“以铜为鉴，可以正衣冠；以人为鉴，可以明得失；以史为鉴，可以知兴替。”缺憾在生活中扮演着重要的作用，小到对个人、大到对国家、对社会，都起到了很好的借鉴和警醒作用。虽然我们的国家曾经软弱无能，任人欺凌，但最终还是一步步崛起了，这与过往的缺憾不是没有关系。正是因为中国曾经被人欺凌、百姓生活困苦，才让国家领导人、民众渐渐意识到崛起的重要性，他们从以往的失败中总结经验教训，从失败的痛苦中激励自己，不断地寻求强国、富国之路。中国曾经的屈辱，就像一面明镜似的时刻提醒着我们，勿忘国耻，自立自强。可以说，这些曾经的缺憾，对当今我们国家的强大有着至关重要的关系。

南怀瑾先生用无数的事实告诉我们，人生中总是充满了不完美，但正是不完美才造就了真正的人生。因而，面对人生中的不完美，不要怨天尤人，去接纳它，定会发现另类的精彩。

做人做事，张弛有度

世间无不可变之道理，无不能变之关系。因而，为人做事，切记要张弛有度。

——南怀瑾

中国人讲究："一张一弛，文武之道也。"学习、工作就像一条橡皮筋，绷得太紧，就会被扯断。现代都市精英的处世之道是张弛有度，进退自如。他们在工作的同时，也注意工作中的调节与休息，不但与自己健康有益，对事业也大有好处。南怀瑾先生认为，这是一种非常好的状态。无论做任何事情都要讲一个度，不管是做人也好，做事也罢，讲究一个度是必须的。

自我反省，及时补过

南怀瑾先生说："人的心理行为，应该经常自我检讨，如果不及时反省，就会犯错误。而自我反省对道德修养的重要程度，就好像是秤和尺在权衡上所占的分量一样重要。所以，检讨自己的行为，自我反省，就能知道自己是不是合乎道德的标准，如果不反省，就无法知道自己的思想、心理有哪些地方需要改过，有哪些地方需要发扬光大。"

有一次，齐桓公外出打猎，因为追赶一只野鹿而无意中跑到了一个山谷之中。在那里，他看见了一个老翁，齐桓公问他："请问一下，这是什么谷？"老翁回答道："愚公谷。"齐桓公觉得很好奇："您知道为什么这个谷会起这么个名字呢？"老翁回答道："因为这是以我的名字命名的。"齐桓公更好奇了："那您为什么叫愚公呢？从您的谈吐举止来看，我并不觉得您愚笨呀！”老翁笑了笑说道：“且听我细细道来，我曾经养了一头母牛，不久之后，这只母牛生下了一头小牛。小牛长大后，我将母牛卖掉了，并且用这笔钱，又买了一只小马。一个年轻说，牛不能生马，他坚持认为我的马就是他丢失的那匹马，于是，就将马牵走了。附近的邻居听说了这件事之后，觉得我太傻了，总是称呼我愚公，之后，也将这个谷称为愚公谷了。”齐桓听过之后，回答道：“你的确是太愚蠢了。你自己花钱买来的马，为什么让那个人将马白白牵走呢？”说完，齐桓公告别了老翁，离开了愚公谷。第二天，齐桓公将这个事情告诉了大臣管仲，出乎意料地，管仲听后，变得一脸严肃的样子，连忙整理衣襟，向齐桓公认错：“这其实是我的愚笨呀！那个年轻人其实是在抢老人家的马驹。那位老翁是因为知道现在的监狱断案不公正，所以，不得不将自己的马驹给了那位青年。现在，请让我修明政治吧。”

从这里可以看出，齐桓公无意中讲起的事情，让管仲萌生了愧意，并且反省自己的过失。正是因为管仲这种时刻反省自身的原则，才使得他的德行越来越高，使他能更好地辅佐齐桓公，最终使得齐国越来越强大，成为了春秋五霸之一。

南怀瑾先生认为，大凡成功地人士，都是做事张弛有度、及时反省自身的人。该对自己严格就严格，该纠正自身错误就纠正错误，只有这样，才会使自己在前行的道路上少走很多弯路。

该放手时就放手

南怀瑾先生在《人生就在一念间》中向大家阐释过自己对爱情的理解：“爱从来都不是占有，也不是付出多少就能得到多少。爱，是付出了不一定有回报；爱，是该放手的时候就放手。”在他看来，爱不是占有，不是控制，它包含自由。

现如今，有很多“虎妈”“狼爸”之类的人，说的就是管理孩子过于严格的一类人。孩子要完全听从父母的话，让他们学习就必须学习，让他们睡觉就必须睡觉。不能说这种教育方式没有一点好处，但是，弊端也是显而易见的。很多时候，虽然父母的出发点是好的，但是，正是他们这种带着“爱”的名义的控制，使得很多孩子在童年享受不到该有的快乐，厌学、怕学的现象时有发生。

有这样一个小故事，一个小学生，母亲对他寄予很大希望，对他的学习更是上心。妈妈每天晚上都会陪着他复习功课，怕孩子成绩不好，不是讲就是练，盯得特别紧，玩命地给孩子找各种试卷让孩子练习。但是，这个孩子的成绩并没有进步，反而越来越差，几乎垫底。这个母亲很郁闷，自己付出这么多，为什么得不到回报呢？恨铁不成钢。这一天，又因为这个事，妈妈在数落孩子，孩子终于忍无可忍，哭着爆发：“我不要上学，我不要学习了。我讨厌学习，我也讨厌你。”之后，孩子说什么都不去学校，一个人躲起来，不和任何人讲话。妈妈很担心，向心理医生咨询，心理医生询问这个母亲一些问题，当了解到她平时对孩子的管理方式时，医生打断了她：“就是因为你平时把孩子那根弦绷得太紧了，导致他的心理压力太大。最终他不堪重负，承受不了了，他才这样。想要让他变好，你必须学会放手，让孩子自己成长，而不是在你的严格控制之下成长。你只需要在关键时刻进行指引就好。”

教育孩子是这样，爱情亦是这样。《泰坦尼克号》是一个时代的经典，在国际上享有很大的知名度。这部电影之所以获得这么大的成功，很大一部分原因就是因为它所传达出来的意义，在遇难的那一刻，自私的爱情占有者希望将爱留在身边，而真正的爱情恰恰是在这一刻放手，让自己爱的人继续留在生活中，用自己的生命去成全、去延续自己的感情，而不是去占有。对比当下，很多男女分手后互相报复，这样未免显得太过悲哀了，这哪里是爱？

爱不是占有，而是是一种成全，一种放手，一种自由，是给予者和被给予共同的情感，舒适、幸福。将紧握的手适当地放松，紧绷的心渐渐平复，才是正确的相处之道。

进退适中，保存实力

人有三个基本错误不能犯:“一是德薄而位尊，二是智小而谋大，三是力小而任重。”

——南怀瑾

《论语》中有这样一段话：子路问:“闻斯行诸？”子曰:“有父兄在，如之何其闻斯行之？”冉有问:“闻斯行诸？”子曰:“闻斯行之。”公西华曰:“由也问闻斯行诸，子曰‘有父兄在’；求也问闻斯行诸，子曰‘闻斯行之’。赤也惑，敢问。”子曰:“求也退，故进之；由也兼人，故退之。”这段话是孔子因材施教的具体体现，也是他将中庸思想贯穿在教育实践中的典型案例。从这里可以看出，他要求自己的学生，不要冒失前进，也不要一味退缩，一定要进退适中。对此，南怀瑾先生也是给予极大的认同。在他看来，对任何人来说，学会进退适中，都是巨大的财富。

进退适中，绝不恃宠而骄

明朝时，明英宗在一次战争中，不慎听信了一个奸臣的建议，不幸被敌军俘虏，后来虽然被放了回来，但朝中已经拥立了新的皇帝，他只能被尊为太上皇，没权没势，生活艰苦，好几年都抑郁寡欢。后来，终于找到一次机会，明英宗在大将军石亨的协助下，重新夺回政权，又当上了皇帝。

按道理来讲，石亨帮助英宗重新登上帝位，他是最大的功臣，假如他懂得进退之道，英宗一定不会亏待他，他的前程也是大好一片。但是，石亨却仗着自己的功劳恃宠而骄，目中无人，不懂得与大家搞好关系，也不知道进退之道，反倒总是将自已的功劳挂在嘴边，见人就说自己当初是如何如何帮助当朝皇帝英宗的，若有人不听从他的安排，就肆意欺压排挤。

有一天，明英宗和恭顺侯吴瑾一同散步聊天，他们在宫廷内的最高建筑上远望，忽然发现，宫廷外有一座新建的宅楼，奢靡豪华程度不亚于皇宫。于是，英宗便问那是谁家的房子。吴瑾是个非常善于察言观色和言行谨慎的人，虽然他心中知道那是石亨的新宅，但是，他却故意装糊涂，回答说："这一定是王府。"

英宗心知肚明，说道："不对。"眼看英宗回答得这么坚定，吴瑾知道其实英宗有自己的判断，他立刻又说了一句："这不是王府，那还有谁敢这么狂妄，竟敢修建这么一座气势逼人的豪宅？"其实，石亨建造宅院并没有功高震主之意，但是因为他不会为人处世，在朝中树敌太多，没人愿意替他说话。时间长了，英宗也开始怀疑他是否真的有异心，不久之后便罢免了他的官职，然后又找了个借口将其处死。

通过其上石亨与吴瑾的言行对比，不由得令我们叹惋，进退适中真的是一个非常重要的智慧。处世之道并不仅仅是个人的能力发挥，人生一定要通达，知进退，懂是非，而不是刻板的循规蹈矩。

每个人的智力都差不多，但有的人却能很好地生活在世界上，有的人却步步坎坷。真正聪明的人懂得人情世故，该进则进，该退则退，他们知道如何与他人相处，善于沟通，及时化解矛盾，适时向别人学习，所以他们能快乐、幸福地生活着。相反，那些不知进退、不懂人情世故的人，他们在前进的道路上可能会遇到更多的挫折与坎坷。

所以，人活在社会中，时刻都在与周围的人交流，根据实际情况，保存实力，该后退时及时后退，该前进时就勇敢地前进，这是成功的一个非常重要因素。

能变则通

在我们的人生道路上总会遇到各种各样的挫折障碍，时代瞬息万变，机会也是稍纵即逝，而我们每个人都希望走在平坦的大道，迈向属于自己的成功之路，所以会不自觉地遵循一些规律和成功的范例，渴望通过借鉴他人的成功方式来铸就自己的成功。但是，其他人的成功方法，并非是适合自己的。我们只能借鉴，而不是照搬照抄。只有根据自己的实际情况，适时变通，才能成就自我。不懂变通的人，是很难成功施展抱负的。南怀瑾先生认为，时代在飞速变化，总是在不断淘汰旧的东西，更新新的东西。人也一样，不懂变通，必将被社会所淘汰，而懂得变通，无论任何时候，都能很好的适应。

相信都听过乌鸦喝水的故事：一只乌鸦四处寻找水喝，它终于看到一个瓶子里有水，但是，瓶子里的水太少了，它怎么也喝不着。乌鸦灵机一动，将瓶子旁边的小石子一个一个地放到瓶子里，慢慢地，瓶子里的水升高了，乌鸦喝到水了。乌鸦飞回到自己的家中，向其他乌鸦炫耀自己是如何喝到了水的。很多乌鸦都对这只聪明的乌鸦投去了敬佩的目光，同时，也暗暗记下了这种方法。

一天，一只乌鸦飞到了很远的沙漠里，它感到口渴难耐，开始找水喝，恰巧看见地上有一个瓶子，瓶子里有半瓶水，乌鸦高兴地落在瓶子旁边，虽然自己暂时喝不到水，但是，它马上想到了之前那只乌鸦讲的方法，于是，这只乌鸦也开始四处找石子，令它失望的是，除了满地的沙子，一个石子也没有。最终，这只乌鸦在这半瓶水的瓶子旁渴死了。

不久之后，又有一只乌鸦飞到了这里，看见瓶子就落了下来，当它看到那地上的半瓶子水和那只死乌鸦时，它猜出了之前发生的事情。于是，它果断地不再执着于寻找石子了，而是开始用爪子在瓶底挖坑，当坑挖到一定深度时，瓶子开始慢慢地倾斜，水慢慢地涌了出来，这时，乌鸦把嘴伸进瓶子，美美地喝了个痛快。由此可见，学会变通是多么重要啊，不变通可能会付出生命的代价，而变通就是赢得了生命。

故事虽小，其中蕴含的道理却很深刻，世事洞明皆学问，人情练达即文章。南怀瑾先生说，人生要通达，要学会随时去“变”。人情世故正如水中行船，顺风时一路高歌，逆风时小心谨慎。变通，是一门通达的学问，值得琢磨和学习。

欲速则不达，合理把握节奏

世上但凡有成功的，都专注于小事情。

——南怀瑾

西方有这样一句话：如果你想走得更远，就得走得更慢。这和中国的谚语“欲速则不达”说的是一样的道理。在南怀瑾先生看来，“慢”是一种智慧，“慢”是为了更好的把握节奏，就好像一个人学习到的知识不是由看书的速度决定一样，每天慢些看书，将看到的东西都消化掉，并且每天坚持下去，这远远比那些一下子翻很多页，之后就不管不顾，效果要好得多。所以，让自己的心平静下来，在平静中稳步前行，不在乎快慢，重点在“坚持”二字上。

一次做好一件事

荀子曾说：“锲而不舍，金石可镂。”这句话不仅强调了坚持不懈的重要性，还告诉了我们做人做事要沉稳的道理。南怀瑾先生说，世间万物都是在变化的，有的变化大，有的变化小，有的变化明显，有的变化不明显。但是，不管变化是大、是小、是快、是慢，归根到底，都是在缓慢中一步步变化的。所以说，不管做什么事，都不能操之过急，正所谓“欲速则不达”，认真做好当下的每一件事情，就是朝成功迈进了一大步。

有一则很著名的寓言故事。一只猴子下山去玩，它来到一处玉米地，看玉米又大又甜，于是掰下来很多玉米，抱在怀中，高兴地上路了。很快，它又来到一片桃园，见树上结了鲜美的桃子，猴子心想：“玉米没有桃子好吃，我要桃子。”于是赶忙扔了玉米，爬上桃树去摘了很多桃子。紧接着，猴子又看见西瓜，心想：“西瓜更大更甜，我要西瓜吧。”把桃子扔了，抱一个西瓜往回走。途中突然看见一只白兔，跑得非常快，猴子很不服气，想要去追白兔，因此把西瓜也扔了。到最后它也没有追上白兔，但已经精疲力尽，只好两手空空回家了。

动摇不定，三心二意，都是成功的大忌。歌德曾经说道：“一个人不能同时骑两匹马，骑上这个，就得丢掉那个。聪明人会把分散精力的事情抛到一边，只专心致志做一件，做一件就要把它做好。”的确是这样，很多人不能成功的原因，就是难以专注一件事，尤其是面对小事，更不愿花费时间精力去认真做。

南怀瑾先生说，一次做好一件事，把精力集中在一个目标上，不要轻易被其他的事情所干扰，如果经常改变目标，那就是在把自己有限的精力分解到一些无关紧要的事情上。你越是想要一下子抓住很多东西，越是什么也得不到。对于追求成功的人来说，见异思迁和四面出击都是大忌，把有效的时间和精力集中在当前所做的一件事情上，集中解决问题和困难，才能提高效率，获得成功。因此，当我们做一件事不能竭尽全力，而是三心二意的时候，就好像是挖井一样，花了很多时间挖很多的井，倒不如花同样的时间挖一口井，才有更大的可能喝到甘甜的井水。

敬畏自然，慢慢发展

南怀瑾先生曾指出，在农业文明时代，人们为了生存，大面积毁林开荒，长期下来，最终造成了水土流失、土地沙漠化等一系列不可恢复的生态灾难。为什么会出现这种情况呢？归根到底，就是因为人们在肆意破坏自然规律，为了自身快速发展，满足自己眼前的狭隘利益，不惜大面积砍伐森林，一棵棵树木被放倒，但最终的结果并没有让人们如愿以偿，没有预想中的长足发展，反而是很多地方荒芜，人财两空。进入工业文明时期，人们依旧没有吸取前阶段的教训，不择手段地破坏自然，依旧只是为了快速发展。不断地向大自然过度索取，造成了大气污染、温室效应、臭氧层空洞、酸雨等无数的生态灾难。结果可想而知，大自然在不断地“回馈”着我们，各种疾病、各种自然灾害层出不穷，我们的生命一次次处在危险的尽头。假如我们依旧不能正确认识自然，遵从自然之道，而是自以为是地想要为了获得个人发展、社会发展，不顾一切地利用大自然，那么后果必然是难以想象的。

近些年来，我们国家一次次提出“建设环境友好型社会”“不能将经济快速发展建立在污染环境、破坏自然的基础上”的口号，政府开始严惩一个又一个严重污染环境的工厂，归根到底，就是因为我们慢慢认识到了发展的循序渐进性，懂得了“欲速则不达”的道理。任何事情的发展都不是一蹴而就的，一味地拔苗助长，不遵从自然之道，破坏自然，这样下去，结果必然是可怕的。就像南怀瑾先生所教导我们的那样，放缓经济发展的速度，合理把握发展的步伐，落实保护环境的措施，调整自己与大自然的关系，一步一个脚印、一步一个阶梯，慢慢向前走是当前非常重要的事情。

顺舍逆取，学会变通

人要懂得处世，要懂得自己的人生，所以要知道“得时”的重要性。

——南怀瑾

南怀瑾先生认为，人生最大的哲学是在“存亡”“进退”“得失”这六个字上。他说过：“一个最高明的人，就是在这六个字上做的最适当。整个历史的演进是在这六个字之间，该进的时候进，该退的时候退，该舍即舍，该取就取。如果在这些地方搞不清楚，就太没有智慧，太不懂人生，也太不懂做事了。”他认为，很多时候，大多数人都不能很好地做到顺逆取舍，不能对自身所面对的情况进行合理、客观的分析，这样下去，肯定会吃大亏的。

把握时机，学会变通

古代，鲁国一户姓施的人家有两个儿子，一个喜欢儒学，另一个喜欢兵法，最后喜爱儒学的在齐侯那里得到了重用，成为了公子们的一个儒学老师。而崇尚兵法的受到了楚王的赏识，在军队里当了一个军队掌管。施家父母以两个儿子为傲，亲戚们也都觉得很光荣。

施家的邻居孟家也有两个儿子，看到施家孩子那么成功，也学习他们家，分别让两个孩子一个学习儒学，一个学习兵法。一天，学儒学的孩子面见秦王，秦王看着他愤怒地说道：“当今诸侯力争，所务兵食而已。若用仁义治吾国，是灭亡之道。”意思是，如今各国诸侯用武力在争夺天下，最要紧的是配备足够的兵马粮草。如果用仁义道德来治理国家，那简直就是自取灭亡。于是重罚这个学儒学的孩子，然后驱逐出境了。孟家的另一个学兵法的孩子前去游说卫侯，卫侯说道：“吾弱国也，而摄乎大国之间。大国吾事之，小国吾抚之，是求安之道。若赖兵权，灭亡可待矣。若全而归之，适于他国，为吾之患不轻矣。”意思是说，我们是一个弱小的国家，在几个大国之间勉强生存，我们要侍奉强大的国家，弱小的国家我们也要照顾到，如果依赖军事武力，那么肯定是要亡国的。你建议我使用武力，难不成是想要我将国家灭掉吗？卫侯非常生气，将这个孟家的孩子处以剁足之刑，以示惩罚，并下令，永不得录用此人。

两个孩子落得这样的下场，孟家非常生气，决定去找施家算账。施家父子解释说，顺应时机才能得到重用，而违逆时势的，肯定会自取灭亡。我们虽然所学的东西都一样，但是结果却天差地别，这是违背时宜的原因，并不是学习东西的对错。更何况，普天之下，并不存在永远正确的东西，也不存在一直错误的东西。之前对的观点，明天可能就会变成错误的，而现在的错误，也可能会在未来的某一天，因为时机情况变化了，而变成正确的。只有迎合时机，实时变化，顺逆取舍，知道变通，才是智慧的表现。假如智慧不足，即终究不会落得好结果。

南怀瑾先生在《列子臆说》中说：“得时者昌，失时者亡。”在他看来，时间不对，便得不到机会；即便有相同的本事，眼光不对，机会也把握不住，只能怪运气不好。人生所有的境界，时间、空间这些都是条件，机会到了要知道把握，还要把握得对，这样才能成功。无论是天下大事，还是个人事情都是一样的，只要机会错过了，即使你在后面不停地追赶，也没有不失败的。正如上文所说的孟家两兄弟，他们和施家兄弟学的一样，为什么别人成功了，而自己却失败了呢？主要原因就是因为他们不懂得把握时机，对环境和机运并不了解。

南怀瑾先生强调凡事要随实际情况的变化而变化，以精准的眼光学会判断，学会取舍，一定不能墨守成规、拘泥形式。上面的故事就说明了顺逆取舍的重要性。一个人如果随波追流，见有人成功，便立刻模仿，不顾一切去学习，十有八九不会成功。但只要用心分析变动的时机，找准他们成功的根本原因，把握住机会，就成功了一半。

学会分辨取舍

古人有句俗语说："近朱者赤，近墨者黑。"当我们处于不好的环境中时，我们的心性也慢慢变得堕落起来。南怀瑾先生很认同此观点。

《孔子家语》中说："与善人居，如入兰芷之室，久而不闻其香；与恶人居，如入鲍鱼之肆，久而不闻其臭。"当你亲近恶的知识多了，那么你就不会觉得那是使你心性堕落的知识了。就如儿时的孟子一般，久居在坏的环境处，他根本意识不到当他玩"埋人"、玩"杀猪"的游戏会给自己的身心带来什么样的坏影响，如果没有他那智慧的、善于分辨取舍的母亲，恐怕中国历史上又少了一位启发民智的思想家了吧！所以我们要懂得及时观察自身周遭的环境，分辨取舍，就像孟母那样，这样我们才能学到好的知识，受到好的影响，才不至于让自己堕落。

清能有容，直不过矫

水太清则无鱼，人太清则无福。这句话，在我看来，是非常有道理的。

——南怀瑾

南怀瑾先生是这样解释“清能有容，直不过矫”的：清廉纯洁，同时还拥有容忍的气度，性情刚直，还能拥有不矫枉过正的胸襟。在他看来，如果一个领导者能做到这样，那么他一定是一个备受欢迎的、非常好的领导。所谓“水至清则无鱼，人太清则无福”，说的也是一样的道理。是非善恶分得太清楚了，就没有福报。是非看清楚之后，必须能包容，如果不厚道，变得愤世嫉俗，也算是一种毛病。所以，人要学会“清能有容，直不过矫”。

其身正，不令而行

《论语》记载：季康子问政于孔子，孔子对曰：“政者，正也。子帅以正，孰敢不正？”意思是说，季康子问孔子怎么领导国家走上正道，孔子说只要你领导人能够做到“正己”，那么下面的风气就自然而然地正了。而“德”的目的，就在于“正己、正身”，从而达到“正人”的目的。对于孔子的这个言论，南怀瑾先生非常赞同。他认为领导人本身的端正，是一个良好社会的开端，所以不用严厉的法令，社会风气自然会随之转化而归于端正。如果领导人本身的修养不够，仅靠下达命令要求别人执行，是没有用的。中国有句俗语说：上梁不正下梁歪，说的就是作为一个领导，如果没有做到“正己”，就更别说“正人”了。

元狩二年（前 121 年），汉武帝组织了第二次攻打匈奴的大战役——河西战役。当时，李广率领 4000 名精兵，但是，出了意外，他们中了匈奴的埋伏，反被 4 万匈奴骑兵团团包围。面对这种敌众我寡的情况，将士们都心生畏惧，有些打退堂鼓。对李广来说，首要任务就是稳住军心、激发将士的斗志。李广想：目前来说，只能放手一搏，死马当活马医了。趁着敌军阵营未稳，派人进行突击，让他们措手不及。但这需要有足够的勇气和武艺，还必须具有不畏牺牲的精神。这个时候，派谁去最合适呢？李广再三思考，觉得自己的儿子李敢是最合适的人选。虽然李广内心也不想让儿子冒险，但是大敌当前，自己怎么能因为爱惜儿子就耽误国家大事呢？于是，他果断下令，让李敢前去，最终李敢不负父命，率领骑兵直插敌阵，以迅雷不及眼耳之势杀入重围，很快平安归来。一回来，李敢就高声大喊："匈奴骑兵没什么可怕的，很好对付。"士兵们被李广无私地派爱子冲锋陷阵的行为所感动，又看到李敢冲锋杀敌，顺利归队，顿时士气大振。李广趁着这么好的机会，带领高士气高昂的士兵，英勇地与敌人殊死搏斗。他们坚持了一天的时间，等到第二天早上，救援大军赶到，匈奴见大势已去，匆忙撤退。

在敌众我寡的战斗中，李广用巧妙的智慧和身先士卒的战斗精神，鼓舞了士气，赢得了救援时间，为这场战役的胜利创造了有利条件。

作为将军需要以身作则，身先士卒，才能在作战中鼓舞士气，从而打赢战争。同样，作为领导者也必须具备这样的精神。领导者处在核心位置，自然就成为众人关注和模仿的对象。一个严格自律、品德高尚的领导者具有强大的人格魅力。南怀瑾先生也认为，任何一项事业的成功，都是在很多人的努力下取得的成果，因而，作为一个团队的领导者，必须具备良好的德行，凝聚人心，团结力量。只有这样，才能勇往直前。

宽厚而爱人，人莫不归之

《吕氏春秋》中说道："处大官者，不欲小察。"意思是说官做得越大，越不会计较小事；人的道德修养越高，也就越懂得宽容待人，愿意为他做事的人也就越多。在这一点上，南怀瑾先生认为，一个领导者一定要有一颗宽厚仁爱之心，这才是一个成功的领导者制造向心效应的有效方法。

战国时期，楚庄王有一次设酒席，宴请大臣，因为宴会是在晚上，所以屋内燃着许多灯烛，但是，一阵风吹过，屋内的大部分灯烛全部被吹灭了。这时宴会已经进行了大半，大家饮酒也都到了半醉半醒的状态，其中一个大臣看见庄王漂亮的美姬，借着酒劲，难于自控，趁着屋内黑暗，抓住了那个美姬的衣袖，想要非礼。美姬惊了一下，全力挣脱，混乱之际，她抓住了那个人帽子上的璎珞。美姬赶快向庄王告状："刚才灯烛灭了的时候，有个人趁机非礼我，牵拉我的衣袖，我在混乱中扯断了他帽子上的璎珞，就是我手上的这个，大王，您赶快将灯烛燃起，看一下到底是哪个大胆之徒，竟敢在黑暗中做出这样的事情，现在只需要找一下谁帽子上有这个断缨就可以了。"庄王听了以后说："是我赏赐大家喝酒，他们喝多酒而失礼，这也是我的过错，若果说要惩罚这个人，那么罪魁祸首就是我。所以，爱妃还是不要在意了。"于是，庄王下命令，说："今天大家和我一起喝酒，如果不扯断帽子上的璎珞，说明他是没有尽欢啊。"群臣听了以后，纷纷扯断了帽子上的璎珞，并且继续载歌载舞，尽情饮酒，一直到尽兴而散。过了几年，楚国与晋国打仗，楚庄王发现自己身边总是有一个臣子，常常冲在最前面，作战异常勇猛，还带动了整个楚国士兵的士气，连战连捷，最后打退了晋军，取得了胜利。庄王非常感激他，叫来那个人问道："以往我并没有对你过多关照，也没有给你高官厚禄，你打仗怎么那么拼命呢？"他回答说："您还记得当年那个喝酒之夜吗？我就是那个被扯断了帽子上璎珞的人。"

由此可见，一个懂得仁爱的君主是多么的重要。南怀瑾在一次演讲中谈到管理，他说想成为一个伟大的领导者，就必须注重自身的修养，成为一个真正的人。为什么要这样讲呢？因为领导者所管理的是人，只有自己成为真正的人的时候，对人性的理解才会把握得更全面，才能把别人领导好。楚庄王可以说是一个很了解人性的领导者了，他懂得对待下属宽厚仁慈，能洞察人性的本质，却不揭穿它，还想方设法地维护住了那个人的尊严。这样的领导者，任谁都愿意为他效力卖命。

第八章

南怀瑾谈和谐法门

致中和，天地位焉，万物育焉

千百年来，中庸之道广受推崇，是由于它反映的是一种恰到好处的精神，以传统儒家思想来看，它能“致中和”，达到中正和平的境界，“使无事不达于和谐”。和谐是中庸之道的基本原则，正所谓“致中和，天地位焉，万物育焉”，为人处世尽量避免过激和片面，顺其自然，循其规律，不偏不倚，这样才能合乎天地万物运转的法则。

素位而行，乐天知命

拿现在讲，素的本位，在自己本来的岗位上不变动；所谓“素其位而行”，这个位就是本位，现在生命之岗（位），所谓岗位，不离开自己的岗位。

——南怀瑾

《中庸》中写道：“君子素其位而行，不愿乎其外。”说的是道德修养的道理。《中庸》的修道原则，基础前提就是提倡一个字“素”，所谓的“素位而行”，就是保持天生自然的朴素和无瑕，不受外界的影响和刺激，坚守自己本心的立场，不轻易变动，那么生命就显示出本来的价值。

南怀瑾先生认为，素，就是朴素的素，就是白净。所谓素，就是非常平常、本分，所以修道的道理与法则非常简单，就是能够保持其平素而朴素。“素位而行”的目的，是为了“不愿乎其外”，也就是说坚守质朴的初心，不受外来的影响和刺激，也不受外界环境的干扰。

坚持本心的立场

对每个人来说，生命都是可贵，因为它只有一次。生命的结果都是死亡，可生命的过程是属于自己的，每个人的人生体验都不尽相同。生命是一个无法回头的旅程，只有坚守本心的立场，选择一条属于自己的人生道路，这样的生命才有意义和价值。

司马迁是我国著名史学家，他出生于西汉时期，自小便羡慕那些英雄豪杰，当他在黄河岸边看见波涛从龙门呼啸而下，立志长大后要做出一番大事业。司马迁的父亲司马谈，在汉朝是专门掌管修史的官员，一心想要编写一部通史，司马迁受父亲的影响，也以纂修史书为己任。他努力读书，四处游历，大大充实了自己的历史知识，积累了大量的历史资料。父亲司马谈临终时，拉着儿子的手说："我死了之后，你千万要记住，一定要完成我平生的心愿，编著一部通史。"司马迁继任父亲的官职，每天研读历史文献，整理更多的史料，就为了完成他和父亲两人的志向。

正当他专心致志撰写《史记》的时候，却飞来一场横祸。司马迁因为在朝中替李陵将军辩护，得罪了汉武帝，受了严酷的宫刑。司马迁受到极大的羞辱和伤痛，悲愤交加，几次想自杀了此残生。但想到《史记》还没有完成，初衷的梦想也没有实现，便忍辱负重，坚持下去，并告诉自己："人的一生总是要死的，有的人重于泰山，有的人轻于鸿毛。我如果自尽而亡，岂不是比鸿毛更轻吗？我要守住本心，勇敢地活下去，写完这部史书！"司马迁把个人的耻辱和痛苦全都埋在心底，就这样，他发愤著书，用了整整18年的时间，终于完成了一部辉煌巨著——《史记》。

《史记》前无古人，后无来者，被称为"史家之绝唱，无韵之离骚"。这部著作几乎耗尽司马迁毕生的心血，是他用生命写成的。当《史记》完成的时候，司马迁将生命的价值定格在了灿烂辉煌的一瞬间，虽然这部书耗费了他大半生的精力和时间，但他并没有后悔自己的最初志向，因为无论遭遇什么样的坎坷，他始终坚守了自己的意愿，使生命具有不朽的意义。

人总有一死，有的重如泰山，有的则轻若鸿毛。虽然结果都是一样，但是生命的价值却完全不同。"素位而行"，意味着坚守自己的生命价值和意义，而不是跟随其他人，或者受制于外界环境。比如盐的价值是给食物调味和保鲜，灯光的价值是给人照明，火柴的价值在于燃烧。如果盐没有鲜味，灯光不明亮，火柴无法点燃，即使它们永不腐坏，保存了几千几万年，那又有什么价值呢？

乐观豁达的人生意义

《中庸》所说：“君子素其位而行，不愿乎其外。”让人坚守本心不变，轻易不受外界环境的影响。但是俗世纷乱繁杂，人们生活在凡尘之中，总会遇到各种烦心的琐事，面对无数的挫折和困难，有些人甚至会“沉浸”其中，愁容满面，失去自我。比如，有些人拥有了财富，就开始担心失去，于是想尽一切办法去保存它，这种高压力的状态，给自己的生活和工作带来了很多麻烦和烦恼。

南怀瑾先生认为，大体上，一个修行的人依照世间规律进行修行，等到功德圆满，机缘成熟，稳定心态之后，之前对于凡尘俗事的牵挂和心魔障碍自然也就消失了。心中没有了牵挂和障碍，也就不再为凡尘俗事所烦恼，远离虚幻之境，达到超脱的境界。如果真正要做到“素位而行”，只有乐观豁达，本心不动。普希金曾说：“阴郁的日子里需要镇定。”那么面对人生中的挫折或难题时，积极的心态便是，“人生狭隘之处要乐观豁达”。

明朝大儒王阳明是历史上罕见的立德、立功、立言的三不朽之人，他所创立的心学，对后世产生了重大影响。有一年春天，王阳明同朋友一起游山玩水，寻春踏青，朋友指着岩石间一朵红花对王阳明说：“你经常说，心外无理，心外无物，天下的一切都在你的心中，都受你的心来控制。那么你看这一朵花，它在山间自开自落，无人能干涉它，你说你的心可以控制它绽放的自由吗？难道你的心让它开，它才开了，你的心让它落，它才落了？”

王阳明微微一笑，回答道：“你没看见这朵花的时候，这朵花跟你的心同归于沉寂，对于你而言，花并没有绽放，也没有这红彤彤的亮丽颜色。当你看到这朵花的时候，这花的颜色才在你心中明丽起来。由此可知，此花不在你的心外。”

花朵当然自开自落，但是能不能搅动一个人的心，那是由人来决定的。王阳明认为，哪怕人生中经历天崩地裂、电闪雷鸣，只要心中安然不动，便永远是艳阳天。

这不仅是“素位而行”的真实写照，也是乐观豁达的心态。世间的一切问题，归根结底都在于自己的心。人世种种无论怎样艰难险恶，只要我心不动，保持豁达，那么挫折也奈何不得我分毫。

在《鲁滨孙漂流记》中，鲁滨孙孤独一人流落至荒岛，没有人与他相伴，也没有衣物，甚至没有一个可以歇脚的地方，但是鲁滨孙还是乐观豁达地面对一切。他自己建造小屋，自己播种子，自己动手创造各种器具……凭借着乐观豁达的心态和坚韧不拔的毅力，鲁滨孙最终在这个荒岛上生存了下来，并且最终等到救援，回到了自己的家乡。

试想一下，如果鲁滨孙在荒岛上怨天尤人，感叹命运坎坷，时运不济，那他肯定会饿死或渴死在荒岛上。但是，他十分清楚健康心态的重要性，面对恶劣的生存环境，他选择用乐观豁达的心态去面对生活，最终让自己的人生重新燃起希望。

总而言之，我们应该学会“素位而行”，乐观豁达地面对生活。只有坚守本心的立场，拥有宽广、豁达的心境，才能够让我们的人生之路走得更加顺利，更加富有意义。

宠骂集于一身，荣辱皆为等闲

“宠辱不惊”被聪明人视为一种境界。

——南怀瑾

人生在世，难逃“宠辱”二字，在《道德经》中，老子说过一段这样的话：“宠辱不惊，贵大患若身。何谓宠辱不惊？宠为下，得之若惊，失之若惊，是谓宠辱若惊。”

虽然，这些道家思想有其退缩和保守的一面，但在南怀瑾先生看来，老子的这一番话却与中庸理论不谋而合，“尤其是在为人处世上，主张以不伤害生命和真性为前提，这样一来，人的状态才是自在的。自由自在的主体与自然达成和谐统一时，才是最恰当、最完美的，否则就有悖于天性和人性”。

面对宠辱，坚守自己的底线

人活在世上，总少不了欲望，少不了攀比，总希望比别人有权，比别人有势，比别人有钱，也因此惹是生非，种下种种苦果。于是，正如南怀瑾先生说的，“‘宠辱不惊’被聪明人视为一种境界。”而孟子正是一位真正做到了宠辱不惊的圣贤之人。

有一次，孟子正准备去见齐王，恰好齐王派人捎话来，说他感冒了不能经风，请孟子去王宫里见他。孟子认为，齐王对他的态度很轻慢，于是对来人说：“不巧我也生病了，不能去见齐王。”

第二天，孟子要出门去东郭大夫家吊丧，学生公孙丑劝他说：“昨日先生托病，不去见齐王，今日却去吊丧，倘若齐王知道了，恐怕不妥吧？”孟子说：“昨日是昨日，今日是今日。今日我的病已经好了，为何不能去做我该做的事情呢？”孟子刚走，齐王就派人前来问病。孟子弟弟孟仲子推脱道：“昨日王命他去上朝，他抱病在身，没能去，今日刚好一点就去上朝了，但不晓得他到没到了。”接着，孟仲子马上派人去拦截孟子，让他先别回家，快去见齐王。但孟子却还是避而不见，还去朋友景丑家避了一夜。

景丑对孟子说：“齐王几次三番让你去见他，你避而不见，这也太不合礼数了。”孟子若无其事地回答道：“天底下公认的最宝贵的三件东西是爵位、年龄和道德，齐王怎能凭借他的爵位就轻视我的年龄与道德呢？倘若这就是他的行事作风，我又为何要委屈自己去见他呢？”

面对位高权重的齐王的再三邀请，孟子始终坚持内心的底线，不为所动，这也许就是宠辱不惊的最高境界吧。正如明代还初道人洪应明在《菜根谭》中所写的，“有一乐境界，就有一不乐的相对待；有一好光景，就有一不好的相乘除。”然而，无论好光景，还是坏光景，不过都是外物的变迁而已，秉持中庸之道，面对宠辱保留一份内心的平静。

宠辱谁能不动心

南怀瑾先生认为，宠辱是人生境况的两重天地，“宠，是得意的总表相；辱，是失意的总代号。当一个人功成名就时，如若不是平素就有淡泊名利的真修养，就难免会流露出得意忘形之态。与之相反的，就是失意若惊，当一个人跌落到人生低谷时，他自然会慨叹人情冷暖，世态炎凉”。面对宠辱能不动心，保持一份豁达的心态，也显得尤为难能可贵。

唐太宗时期，有一个名叫卢承庆的官员，他为官清廉，实事求是，是当时的考功员外郎，这是隶属于吏部的官职，主要负责考察官员。当时，考察官员的标准分为上、中、下三级，然后每一级又分为上、中、下，比如最好的是上上，差一点的是上中，后面依次是中中、中下、下下等。

有一次，卢承庆负责考核一个监督运送粮食的官员。运送粮食的过程中，船翻了，不少粮食都落入了河中。因此，卢承庆只给这个官员打了一个中下，并对他说："没给你打个下下已经是照顾你的面子了。你把运粮的船都弄翻了，国家损失了这么多粮食，所以只能给你中下的等级。"而这个运粮官得了中下的评语，却一点儿也没有着急上火，反而照旧谈笑风生，一切如常。卢承庆看在眼里，不由思索道，我给他打了一个这么低的分，他都没有生气，说明他已经意识到了自己的错误。从这一点看来，这个人有责任心，敢于承认错误。于是，卢承庆将评价改为了中中。改为中中以后，这个运粮官还是一切如常，也没有流露出任何高兴的神色。卢承庆看在眼里，不由在心中暗暗称赞："此人真绝，可算是真正的宠辱不惊，无论情况如何变化，他都能坦然面对。"

卢承庆通过后续调查得知，那次虽然翻船了，但并不是因为此人管理不善造成的，而是突然遇上了大风，粮船才因此被吹翻的。总之，这起事故并不是人为原因。卢承庆转念一想："看来我给他一个中中也不合适。"于是大笔一挥，改成了中上。这个运粮官还是没有因此而特别高兴。从此，此人给卢承庆留下了很好的印象，在吏部考核的时候也因此被提拔了。

正像南怀瑾先生所说的，"关于人生的得意与失意，荣宠与羞辱，这中间的百般感受，在古今中外的官场、商场和情场，都如剧场一般，是看得最明显的地方。"所以真正能从荣辱中解脱出来，做到知足常乐、甘于平淡的人，也必是久经风波、遍尝荣华后回归平淡的。然而，无论如何，宠辱不惊都是我们通往内心和谐之境地的路途上不可回避的重要一课。

执中行权，左右为难时的折中法

那么真正一个人，所谓知识分子，一个读书人、学者，受过教育的，应该怎么做个人，依乎中庸，就是随时为道。一切的学问，为达到内养，内性的、道的境界，必须要依乎中庸。

——南怀瑾

南怀瑾曾道，人生永远有缺憾，永远不完美，岁月在不经意间渐渐远去，留下了许多刻骨铭心的记忆，其中有怀念，也有惆怅，有忧伤烦恼，也有开心愉快。生活的每一个年轮，都交织着悲欢离合，珍藏着失望和希望，成功与失败。人生不完美，要能忍耐包含许多缺憾的世界，依乎中庸，随时为道，在缺憾中执中行权，就是不完满中的完满。

左右为难，人生永远不会完美

人从一开始，面对这个未知的世界，就注定了每个人的人生都不会是完美的。但既然上天赋予我们生命，那么每个人的存在就自有存在的价值和意义。小到升学工作，大到生老病死，几乎每时每刻都会有一些缺憾。但是如果事情早已尘埃落定，那么就应该顺其自然，不求甚多。

某个村庄发了洪水，农民的妻儿双双落水，他赶忙去救人，从洪水之中救起了他的妻子，但却没来得及救起孩子，最后，孩子被淹没在滔滔洪水之中。事后，人们议论纷纷。有人认为他做得对，孩子没了，可以再生一个，但妻子却不能死而复生。但有人却说他做错了，妻子可以另娶一个，孩子却无法死而复生。

哲学家听到之后，感觉两种说法都有道理，觉得不解，于是找农民答疑。农民对他说道，他救人时什么也没想，灾难来临的时候，妻子就在他身边，于是他想都没想就抓起妻子就往山坡游。等到他反应过来的时候，孩子已被洪水冲走了。

其实，不得不说农民的选择是明智的，当时的情况并不允许他进行过多的思考和选择。只要他稍稍迟疑，结果又会是怎样的呢？灾难袭来，妻子和孩子同时遇难，片刻之间就会与死神相遇，如果这个时候，农民却还在思考究竟救谁，最后当然会是谁也没有救成。

人从出生开始，就要面对未知的世界，注定了每个人的人生都不会完美。既然上天赋予我们生命，那么每个人都有存在的价值和意义，也都有自由选择生活的权利。许多时候，我们也会面对像农民那样左右为难的处境，生活并不会给我们思考的机会和时间，这个时候，你只需随心而行。它不是随便，而是顺其自然，不躁进、不过度、不强求；是把握机缘，不悲观、不慌乱、不忘形。

鱼和熊掌，不可得兼

鱼和熊掌，两者不可得兼，每个人都有自己的人生之路，与其低头埋怨，不如坦然面对。只有想通了，看明白了，才不会因为一时的得失愁眉苦脸。只有对人生保持淡定的态度，那么得失也就不重要了。

每个人的心中都有建功立业的梦想，但事实上只有少数的人能够成功。也许你的能力和条件都达到了，但你却少了一点运气，最终也可能无法成功。

南怀瑾先生曾说过：“古今以来有才能本事的命不好，由来才命两相妨，两样总是相妨碍的。”《庄子》记载，子贡曾经问孔子：“老师是什么呢？”孔子回答说：“我是生来受苦受累的，这大概是上天加给我的刑罚。但是，何止是我一人命苦，做了我的学生，你也和我一样的遭遇。我们出生在动乱的年代，想要救世救民，就一定是要承受苦难，无法享受生活，这二者不可兼得。”

南怀瑾曾用杜牧的诗解读鱼和熊掌不可兼得，“中路因循我所长，由来才命两相妨，劝君莫更添蛇足，一盏醇醪不得尝”。他认为，世上很多聪慧能干的人，做什么事都想要面面俱到，追求完美，因而往往陷入左右为难的境地，反倒是一些资质平庸的人，能够守住坚定和执着，即便缺少一点运气，坚持一辈子，也能做好自己想做的事情。

有三个农民一起商量地里要种什么，甲说要种一年就能成熟结果的植物，比如玉米、大豆、小麦，那么每年都有收成，都有粮食吃。乙说每年种地太辛苦，最好一劳永逸，只种一次就可以永远享受果实。甲和乙争论不休，都无法决定要种什么植物。丙见两人争论得面红耳赤，心里也拿不定主意，觉得两人说得都有道理。于是他跑回自己的地里，在田地种上玉米、大豆，然后利用闲暇时间，在田地的周围种上桃树、梨树等果树。在他看来，只要每年都有粮食收成就好，他对果树的收获根本不抱希望，如果树上真的结果子了，那就当作意外的惊喜，因为鱼和熊掌难以兼得，如果两个都想要，最后可能一个也得不到。

没想到随着时间的流逝，不仅每年粮食有收成，果树也越长越大，结的果子越来越多，可谓是无心插柳柳成荫。就这样，在甲和乙两个农民互相争论的时候，丙则是采取了折中方法，两样植物都种下去。一个是短期收获，一个是长期收获，而他则专注于其中之一，对另外一件只抱有随意的心态，有也可，无也没关系，这正是一种坚守中庸和谐的态度。

坚守之下，得失显得不那么重要。有人说：“生命本身就是一种痛苦，但为了夕阳西下那动人心魄的美，我宁愿选择痛苦。”南怀瑾先生认为，生活本就如此，做人的态度也是一样。我们每个人在收获的同时，也可能在失去。鱼和熊掌，如果两者不可得兼，那么每个人就在自己的人生道路上坦然面对，得到了，失去了，都保持心境的淡定与平和。如果不过于看重结果，那么也许到了最后，鱼和熊掌都能收获。

平衡，极端与中和之间的智慧

贤与不肖是讲道德行为，有些人拼命讲戒，守戒啊，讲道德行为啊，道德行为太过了，也是不中节了。

——南怀瑾

人们常讲“平衡”，从大的方面来看，平衡可以是一个哲学范畴。古人云：“国家虽强，好战必亡；国家虽大，忘战必危。”这就是平衡的道理，关乎着社稷；生活中做事情，我们常说要量力而行或者量体裁衣，其实说的也就是平衡的问题，这是从小的方面看，这是一种生存的智慧。要使人们在生活和正义的天平上保持平衡，这需要一门艺术——外圆内方，深浅有度。

处治世宜方，处乱世宜圆

南怀瑾先生很认同这句话：“处治世宜方，处乱世宜圆，处叔季之世当方圆并用；待善人宜宽，待恶人宜严，待庸众之人当宽严互存。”倘若我们生活在太平盛世，就应该以严正刚直待人接物；倘若生活在乱世纷争中，就要随机应变，待人接物学会圆滑点；对待善良的人我们态度要宽厚，对邪恶的人则要严厉相待。

“方圆”，最早于老庄的道学思想中有所体现，与此有异曲同工之妙的还有儒学的中庸之道。说外圆内方是老谋深算、老于世故的人的处世哲学吗？不是，圆是方法，是为了减少阻力；而方是本质，是立世之本。船头往往是尖形或圆形，这样才能劈波斩浪，减少阻力，行驶速度更快，所以船头不是方的。

万事都讲求个度，掌握了度，就把握好了平衡，而过度就是破坏了平衡。方圆同样讲究深浅有度，圆滑过头，就是狡猾厚黑。庄子讲方圆，他说：“然则我内直而外曲，成而上比。”就是说我内心是崇尚道义的，保持着真情和真心的，但行为处事上也是圆润的。可见老子的方圆是有着一定的尺度的，并不会无原则地任人摆布。待人处世的最好方法就是要有一套自己的原则，比如与人交往，你可以与他亲近，但不要过于亲近，随和但不随便。

南怀瑾先生不是没有机会踏入仕途，只是远离政治是他一贯的行事标准，这就是他处世中的“方”。但另一方面，南怀瑾先生虽然远离政治，不想过于亲近当权者，但他从不反对和政要往来。方圆处理得好，把握好度，坚守本心而不为名利所动，这便是南怀瑾先生的处世大智慧，才能使他左右逢源，路途平坦。

方圆之道

懂得方圆之道的人，往往是大容忍与大智慧的结合体，他们有沉静蕴慧的平和，也有勇猛斗士的威力，不为情感所左右的，但又不是无情之人。这样的人，思想极为理性，行动迅速干练，处于大喜悦与大悲哀之间能够泰然自若。

可见，方圆有度是一门处世艺术，这门艺术既微妙又高超。南怀瑾提到历史上一个精通方圆之道的人，他的名字叫冯道。在唐末五代时期，国家动荡不安，而冯道每次在朝代变动中都会成为辅佐大臣，帮助皇帝处理政事，直至73岁去世。他是那个时代的“不倒翁”，也是一个奇迹般的存在。南怀瑾先生这样看他：“读了历史之后，由个人的人生经验和读史的体会得出了结论，冯道绝不是个简单的人物。如果说太平时代，冯道能够在政坛不倒或许不稀奇，但在乱世中不倒就是本事。”为什么说他有本事，这就是南怀瑾先生赞叹他的地方，“可以想见此人，至少做到不贪污，使人家无法攻击他；而且其他的品格行为方面，也一定是炉火纯青，以至无懈可击”。说白了就是他内在方直，外面圆融。

如庄子所言，方圆刚柔之道，静默无声，冯道修道的功夫不着痕迹，外面看似曲成，内在实则方直。但南环瑾先生也感叹道：“时人不要去学冯道，也学不来，因为缺乏冯道的修养。冯道甚至可以去包容和感化自己的敌人，试问又能有几人有此涵养？”可见，冯道不是人人都做得来的，普通人的境界或许无法升华到冯道的地步，但只需要量力而为，在生活的点滴中把握好平衡，不极端，不冒进，一步一步朝着好的方向迈进。

在生活中能屈能伸，懂得争取，更懂得退让，实践好方圆之道。南怀瑾先生认为，古今中外的伟大人物，能够审时度势，才可保全身而退。面对挫折保持沉默，因为来日方长，无论顺利，无论坎坷，把握平衡才是中庸和谐之道。

情动于中，拿捏感情与理性的尺度

修心自然就可以养性。佛家讲明心见性，儒家是修心就养性。所以喜怒哀乐始终培养到和平，永远在和，和就很难了。

——南怀瑾

要有理性，也要有感情。人活一生不能太过理性，但也不能失去感性。当理性与感性有冲突的时候，又该如何处理呢？南怀瑾在《原本大学微言》中，通过一个故事，让我们懂得，人不能让感性蒙蔽了自身的理性。

人不能受感情蒙蔽

战国末期，离秦国最近的是燕、赵两国，这两国也是秦国急于吞并的对象。当时，赵惠文王刚刚死去，他的儿子孝成王即位，由于新王年纪很小，为了稳定大局，只好由赵太后掌握政权。这时秦国趁机攻打赵国，赵国无奈，向齐国求救，齐国趁机要挟，要赵太后最宠爱的小儿子长安君做人质，赵太后不肯，并公开说道："如果再有人向我说，要派长安君到齐国去做人质，我老妇必唾他的脸面。"

赵国的一位老臣触詟请求要见太后，说："我有一个最小的儿子，叫舒祺，整天不太上进。不过我年老了，总是疼爱小儿子。希望太后开恩，叫他来充当王宫警卫队的队员。他有了立身之地，我也就安心了。"太后点头同意，然后问他："男子汉大丈夫，也会爱怜自己的小儿子吗？"触詟说："是，男人通常比女人还过分呢！做父母的爱儿女，为他们的长远前途打算。太后你送公主嫁到燕国之时，一步一步跟在她身后，流着眼泪，担心她嫁得太远。但出嫁了以后，你虽然非常想她，却还祈求老天保佑，不希望她回来。那是因为你希望公主在燕国生个儿子，可以继承王位。”太后说：“那是当然的，你说得没错。”

触詟又说：“太后封了小儿子做长安君，又给了他许多地产和好东西，倒不如趁现在让他做一点对国家和人民有贡献的事情。假设有一天，太后不在了，说不定赵国会因为长安君而倾覆，那么他如何对赵国的老百姓有所交代呢？所以在我看来，太后爱长安君，倒不及爱出嫁燕国的公主一样深呢！”

赵太后恍然大悟，便说：“好吧！我懂了！”于是触詟派人送长安君去齐国当人质，齐国乃出兵救赵国。

这个故事说明人容易受到感情的蒙蔽和钳制，因为一旦牵涉到亲情、爱情和友情，人心就会产生偏差，严重一点就会心理失衡。所有的智慧和理性很容易被感情所蒙蔽。正如欧阳修所说：“祸患常积于忽微，智勇多困于所溺。”不仅是国家大事如此，普通百姓小户人家，更是随时会有这种情况发生。那尤其如今的独生子家庭，孩子集万千宠爱于一身，而溺爱的结果往往是一个孩子自身的失败，以及整个家族的败落和倾覆。

以理性来宠爱孩子

以色列人是全球最富有的民族，他们富有理性的教育方法延传了几千年。在孩子很小的时候，家长就教育孩子长大如何独立，如何赚钱谋生，如何做一个对社会有用的人。

马可 7 岁的时候被父亲逼着找了一份送报纸的工作，同时顺便推销几元钱一个的车牌保护罩。因为他是小孩子，所以一般人家都不忍心拒绝他的推销。有一次，他向一个男人推销保护罩，但男人无动于衷，马可建议说：“你有两辆车，都没有车牌保护罩，你看看牌照都已经旧了。你可以先买一个试试，用过几个月，对比一下，看看牌照是不是能用久一点。”

就这样，马可卖出去一个车牌保护罩，赚到了几元钱。父亲知道之后，表扬他的方法，并给他 50 元作为奖励，鼓励他想出更多的赚钱方法。马可 10 岁的时候在海滩上玩，在海滩的这边用低价从穷孩子手里买一本漫画书，然后骑自行车到海滩的另一边卖给有钱孩子，两边的距离只有 1000 米，但他赚到了 5 倍的差价，父亲因此又给他一份奖励。后来，马可每个星期去街角的商店买冰镇饮料，然后去卖给打桥牌的老太太。老太太们觉得非常方便，于是向他预定一周的饮料。马可心想，既然可以卖饮料，就可以卖其他的各种零食和日用品，于是除了吃喝的东西以外，他还把毛巾、眼镜布、杯子等日用品推销给老太太，不仅赚到了钱，还让老太太们格外喜欢这个“贴心”的小家伙。

如南怀瑾先生所说，在感情上拿捏得恰到好处，是一种中庸之道的智慧。以色列的家长教育孩子往往是“宠爱而不溺爱”，事先约法三章，事后决不妥协。孩子做得好有奖励，做得不好要批评，让孩子改正错误，这样才能引导孩子成为自尊自立、人格健全的有用人才。中庸思想提倡喜怒哀乐都应该“情动于中”，所谓的“执二用中”，就是指秉持理性，择善而从，把握感情和理性的尺度，不缺不溢，不走极端，这才是“致中和”的人生智慧。

忍让中庸，和合为贵

你想到不愿意做的事，你不要叫人家做；我不愿意拿的东西不要叫人家拿；我不愿意听的话，你不要讲给人家听；你怕人家骂你，你不要骂人；你怕人家笑你，你不要笑人。这是忠恕之道。

——南怀瑾

南怀瑾先生曾经说过：“对于不及我们的人，不必讨厌他，要同情他，能够帮助的就尽量帮助，即使不能帮助也要能包容他。”忍让是一种智慧，以和为贵更是我们所追求的目标。正所谓“金无足赤，人无完人”，要想营造良好的人际关系，我们应该学会包容别人身上的缺点。在包容中，得饶人处且饶人是非常重要的处事之道。

证严法师曾经说过：“得理要饶人，理直要气和。”大体上是，在和他人有争辩的时候，应该做到得理饶人，只有这样人才能够和他人友好相处。做到理直气和，言辞和善，心怀善意，才能够达到让彼此都欢喜的结果。

得饶人处且饶人

著名作家托尼·希勒在 14 岁时，经历了一件事情，这件事让他终生受益。

有一天，英格拉姆先生需要一个帮忙的人，于是他敲响了托尼家的门，给出一小时 12 美分的酬劳。托尼听到有酬劳，于是欣然答应。

接着，托尼和英格拉姆先生一起来到一英里外的西瓜地里。此时此刻，他们俩都被眼前的景象惊呆了！西瓜地里停放着一辆装有西瓜的卡车。目光所及之处，皆是一片狼藉，瓜秧被毁坏，西瓜都被摘掉了。很明显，是有人开着车来偷这些西瓜，可是没有想到的是卡车陷进地里怎么也拉不出来了。

面对此情此景，英格拉姆先生并没有勃然大怒，这时的他显得非常平静，只是淡淡地说了一句:“车主很快就会回来的。”说完之后，他就让托尼在那儿等着，长点见识。托尼十分好奇，心想着：英格拉姆先生到底会用什么态度面对前来偷盗的人呢？同时他也非常担心，要是偷盗的人是一个团伙的话，那英格拉姆先生又该如何对付呢？没过多久，一个因打架和偷窃而臭名昭著的恶人带着两个体格粗壮的男子来到了瓜地，他们非常恼火，或许是因为卡车的缘故。

英格拉姆先生看见他们来了，并没有暴跳如雷，也没有恶狠狠地质问他们，而是用非常平静的口吻说道:“哎，我想你们要买些西瓜吧？”那几个人显然非常意外，瓜地的主人竟然会用这种方式来应对。他们沉默了一会儿，然后答道:“嗯，是的。西瓜怎么卖？”

“25 美分 1 个。”

“好的，你帮我把车弄出来，我觉得价格还合适，我要买一车西瓜。”

就这样，一笔买卖顺利谈成了。

等一切结束，英格拉姆先生笑着对他说道:“孩子，如果不宽恕敌人，就会失去朋友。”这句话对托尼影响颇深，英格拉姆先生用宽容的心态，让偷盗西瓜的小偷变成了西瓜的买主，不得不说，这真是了不起的处事艺术。原本双方应该是剑拔弩张的，出人意料的是，只用了寥寥几句话就使双方达成一致，顺利完成了一笔交易。

待人宽厚是一种美德，更是一种艺术。一个成功的人在胸怀宽广的同时，还会给别人的自尊保留空间。失去了金钱，还能够再赚回来，一个人一旦自尊心被伤害，想要弥补就不是那么容易的，甚至可能因此为自己树立一个敌人。得饶人处且饶人，就是要学会照顾他人的自尊，更要学会避免因伤害别人的自尊而为自己树敌。

除此之外，我们还要懂得得饶人处且饶人也是有原则和底线的。它并不等同于窝囊，更不是一味地纵容对方恶意的举动，它是尊重他人的自尊心，是一种高尚的行为。明白这些，也就少了很多不必要的烦恼。

懂得“恕”

人生在世，我们应该懂得“恕”，多给别人一份理解，学会宽容，只有这样才能够收获别人的理解和感激。

托尔斯泰出身于贵族，作为俄国著名的大文学家，他非常有名，但他又十分低调，待人接物也十分和善，从来不孤高自傲。

有一次，托尔斯泰在长途旅行的途中，路过了一个小火车站，突然很想到车站里走走。当他正站在月台上时，一位先生从列车车窗里冲他直喊：“老头儿！老头儿！快替我到候车室把我的皮包取来，我忘记提过来了。”这时，火车已经拉响鸣笛，准备开了。托尔斯泰立即跑进候车室拿来皮包，递给了这位先生。因为托尔斯泰的身上沾了不少尘土，看起来脏兮兮的，于是，这位先生见了托尔斯泰的穿着，便以为他是车站的搬运工呢。

“谢谢啦！”拿到行李的先生对着托尔斯泰说，并随手递给他一枚硬币，说，“这是赏给你的。”托尔斯泰接过硬币，装进了口袋，这是意外的财富！正在这时，旁边的一位旅客认出了托尔斯泰，就对这位先生说道：“先生，您知道您赏钱给谁了吗？他就是托尔斯泰呀！”“啊！老天爷呀！”那位先生惊呼起来，慌忙解释，“托尔斯泰先生！托尔斯泰先生！看在上帝的面上，请千万不要跟我计较！请把硬币还给我吧，我怎么能给您小费呢？我真是有眼不识泰山啊！”

“先生，您不用如此自责。”托尔斯泰满面笑容地对他说，“您又没做什么坏事！况且，我的劳动也得到了回报啊！这个硬币是我挣来的，我得收下。”

汽笛再次长鸣，列车缓缓地开动，那位先生看着托尔斯泰欲言又止，脸上充满了愧疚和遗憾。毫不知情的旅客将托尔斯泰当成了搬运工，还付给了他小费。托尔斯泰却没当回事，因为知道那位先生很着急，火车就要开了，而且托尔斯泰也没有把自己看作是一个作家，在这里，每个人都是旅客，都有需要帮忙的时候。如果能做一些举手之劳的事情，难道不好吗？正是因为托尔斯泰的理解和帮助，一切变得异常顺利起来。那位先生没有因丢失行李而懊恼，托尔斯泰也因意外收获了快乐。如果托尔斯泰因对方没有认出自己来，还叫他去提行李而生气，那结果就是另一番模样了。两人会争吵，那位先生会因时间的耽误而丢失行李，托尔斯泰也很难有一个愉快的旅程了。

古语云："大度集群朋。"一个宽宏大量的人，他的身边会有大群知心朋友。不要太过计较小事，要学会原谅别人的过失；面对不如意，泰然处之，不为所累；被讥讽时，不必睚眦必报，学会吃亏。"海纳百川，有容乃大"，一个有胸怀的人怎会不成功呢？

仁者爱人，用爱心营造和谐环境

对人宽厚的，温柔的，重于文教的，注重在教化。“不报无道”，别人不对的地方，无道，就是非常不对不合理，可以宽容他，原谅他，并不马上采取报复，不立刻报复。

——南怀瑾

南怀瑾先生曾经说:“人，因为有‘自欺’，才会‘欺人’，最后当然要‘被人欺’。人不自骗，谁又能骗了你呢？换言之，人要自爱，才能爱人，最后自然可被人爱。”

一个不自爱的人，既不可能是一个可爱的人，也不会懂得真正地爱别人。仁者爱人，只有先自爱，才能爱别人。有时候自爱的前提，就是少妨碍他人。人与人之间的联系本身就是相互的，如果自己多承担一点，那么与你交往的人就够少承担一点，这样一来，才能够用爱心营造和谐环境。

先自爱，才能爱别人

早在古代，圣人们就已经发现爱的主题，孔子主张入世救人；墨子则倡导“兼爱非攻”，他还强调，爱人除了为个人名誉之外，更多的是为了利人，这里所说的“爱人”不仅指爱他人，更指爱自己，即“自爱”。那么，何为自爱呢？其实自爱也有不同的境界。如渴了找水喝，饿了找食物果腹，困了去休息，这不仅是一种自我保护的本能，更是一种生理层面上的自爱。在此基础上，能够做到不失赤子心，不忘恩负义，也不自私利己，同时做到自尊、自信、自制和自强，这便是人性层次上的自爱。

一位老儒给弟子讲课，谈到什么样的人有资格治理天下百姓时，老儒说道："唯不以天下害其生者，可以托天下。"弟子不明白，问老师这是什么意思，老儒说："有些人为了所谓的江山社稷，不顾百姓的性命，这样的人没有资格当皇帝治理天下，比如秦始皇建陵寝，修长城，对百姓残暴。还有一种人，纵欲毁体，伤害自己的性命，也没资格当皇帝，比如昏君隋炀帝。"弟子问道："这么说，只有克己节制的人，才有资格管理天下，治理百姓？"老儒摇头说："克己节制的人，不懂得满足个人的需求，如何能满足天下人的需求，只有先爱自己，才能爱别人，这是亘古不变的道理。所以说，掌管天下的人，一定要守中庸之道，有欲而不纵欲，节制而不刻薄，严厉而又宽容，张弛有度，爱己爱民，才是一个好的统治者。"

正向老儒所说，一个人遵循自然的"全生全性"，让六欲皆恰到好处，不禁欲也不纵欲，爱己身也爱他人，这样的人有资格治理天下。因为对于统治者来说，养生即为保民，懂得如何爱己，才能以己推人。

南怀瑾先生也认为，只有懂得自爱的人，才能够真正明白如何去爱护他人。经历过生活的磨炼，会让我们真正学会面对苦难，知道幸福来之不易，才会明白如何去关爱他人，也更明白帮助他人的意义。每个人都生活在一个社会圈子里，每个人都需要他人的关爱和帮助。在这个自爱和爱人的过程中，才能获得深刻透彻的生活体验，从而不断影响自己，逐渐走向成熟。

少妨碍他人，就是最好的道德

子贡曰："吾不欲人之加诸我也，吾亦欲无加诸人。"子曰："赐也，非尔所及也。"这是孔子和子贡的对话。子贡说："别人给我的痛苦、烦恼，我不喜欢，因此我也不愿让别人痛苦、烦恼。"孔子则说："子贡呀！这是你做不到的呀！"实际上，孔子的话还有一层意思，即这一点孔子也不能完全做到，或许任何人都无法做到。

南怀瑾先生在《推己及人难又难》中这样写道:“人活在世界上是互助的，我们的幸福享受，一定有赖于人，甚至妨碍了别人。不过，如能常生警觉，想到妨碍了别人时，尽量少妨碍一点。”

人们总是在无意间便有了妨碍他人的行为，给别人添麻烦而不自知。人是矛盾的，因为就个体而言，人是独立的。但就社会而言，人又是需要彼此联系的。正是这种联系，在不经意间对对方造成妨碍或是麻烦。严复先生任北大校长时，曾这样为“自由”定义:“人生而自由，他可以做任何他愿意做的事情，但是必须以不妨碍他人的自由为界限。”也就是说，每个人的自由，应该以不妨碍不伤害他人为前提。如果做不到这点，那么自由就不是完整的自由。

有一个村子里没有水源，村里的人都要走很远的路去提水，生活非常不方便。一个年轻人想了一个办法，如果挖一条管道，用竹筒连起来，就可以把山里的清泉引到村里。他把这个想法说出来，几乎所有的人都嘲笑他，有人惊讶道:“挖一条管道？这怎么可能，我们祖祖辈辈都没人挖管道。”有人说:“我们每天去山里提水，一天可以提十桶水，已经足够喝了，挖管道根本是多此一举。”还有人说:“山里石头那么多，挖一米都很难，这小子还是放弃挖管道的幻想吧。”

年轻人耐心地向村里人解释这个计划，可惜的是，没人能理解他的想法，反倒都嘲笑他的举动，不断以各种方式妨碍他施行计划。但年轻人不是一个容易气馁的人，他决定，即使自己一个人也要实现计划。从此，他白天用一部分时间去提水，又花大量的时间挖掘管道。虽然在坚硬岩石的山中挖出一条管道十分艰难，但是他仍然全力以赴地去做。村民整天冷嘲热讽，称他为“挖管道的人”。年轻人十分难过，几乎都要放弃了，但是他又不甘心，安慰自己道:“短期的痛苦一定能带来长期的回报。”

就这样一天天过去了，完工的日期越来越近。村民们眼看着有水从管道中流出来，都感到十分惊讶。等到管道彻底完工的时候，再也没有人嘲笑年轻人。

这个故事说明，在这个世界上，想实现一个梦想并不容易，因为除了自己的坚持以外，还有许多妨碍因素。在人际交往中，如果不能鼓励他人，就不要干涉和嘲笑别人的梦想。有时候，冷嘲热讽便是一种妨碍他人的行为。有些人在遭遇苦难之后，无法与别人分担，只能自己承受，因为害怕来自他人的嘲讽。

少一些干扰妨碍，多一些善意关怀，可以帮助他人缓解对痛苦的注意力，让人鼓起勇气，重新扬帆起航。南怀瑾先生认为，少妨碍他人，其实就是做好自己。多为别人考虑一些，多一些尊重与宽容，就会营造和谐的人际关系。正所谓仁者爱人，我们彼此之间相互扶持，相互鼓舞，营造和谐的人际关系，那么最终都会实现自己的梦想。

中道而立，为人的中庸之术

《中庸》是非常切实的一个东西。不管你是学佛、学道、做哪样，所以我以前经常讲，不把《大学》《中庸》都弄好，你学佛也不成，学道也不成。

——南怀瑾

《庄子·齐物论》中讲："唯达者知通为一，为是不用而寓诸庸。庸也者，用也；用也者，通也；通也者，得也。"生活中的博弈，时时在，处处在。人生世事如棋，落棋之前要学会策略，懂得以中庸的态度来应对复杂多变的世界。南怀瑾先生这样解释"庸"的作用——无用之用是为了大用，并不是主张完全不用，还是应该要用，用得恰到好处，用得适可而至。他认为，庄子对"用"字的解释，是"用也者，通也；通也者，得也"，庄子所处的年代是动荡战乱的战国，很多人对现实都是抱有逃避的想法。但是，庄子善用现实，懂得用中庸之道在乱世中安身立命。

"庸"的智慧

南怀瑾解释"庸"字，认为用得好便是"庸"，用得不好，则就是后世所谓的"庸碌"。"庸"，其实并不是马虎，也不是差不多，而是"得其环中"，恰到好处，将最高的智慧发挥到极致，表面看起来十分平常，但是"得其环中，以应无穷”。

曾经有一个青年，他出生于贫寒的乡村之家，他之前种过庄稼，做过木匠，也干过泥瓦工，还收过破烂，卖过煤球，感情遭受挫折，也曾被官司缠身。他独自一人闯荡，经常居无定所，四处漂泊，因此遭受了不少白眼。

不过，他很特别，不同于其他乡村青年。他热爱文学，还曾经写下了许多纯洁干净的诗歌：“我健康的双足是一面清脆的小鼓，在这个雨季敲打着春天的胸脯，没有华丽的鞋子又有什么关系啊，谁说此刻的我不够幸福？”

曾经有人看到诗歌后十分震惊！这样清澈纯洁的文字居然来于一个在生活边缘痛苦挣扎的人笔下。对此，青年是这样说的：“我从小出生在农村，也从小在农村长大，农村的家家户户都有储粪的习惯。小的时候，每当看到别人往地里运粪时，我总觉得十分奇怪，这么臭又这么脏的东西，怎么就能够使庄稼长得更加壮实呢？我一直不得其解。后来，我终于明白了其中的道理。粪便是脏臭的，但是如果你把它一直储在粪池里，它就会一直这么脏臭下去，但是如果把它放在土地里，情况就会不一样了，它和深厚的土地相结合，就会变成一种有益庄稼的肥料。对于我们来说，也是这样的。面对苦难，我就会把它当作成长的肥料。之后，它就会变成为一种珍贵的营养，让你在苦难之中如凤凰涅槃，体会到特别的甘甜和别样的美好。如果把苦难只视为苦难，那么它真的就只是苦难。”

青年人口中说的，就是我们经常会面对的“生活戏弄了我，还是我征服了生活”二者之间的博弈关系。其实，苦难和幸福都是相对的，一个人的升华与堕落，就在于自己对于事物的不同理解。面对苦难，在青年的笔下流淌的全部都是美丽纯净的歌。而这位青年正是一个懂得中庸之道，充满大智慧的人。

智慧仁德，内外兼修

孔子曾经说过，智慧的人爱水，仁德的人爱山。孔子之所以这样说，是因为往往有智慧的人都十分活跃，什么事都看得很开，有水的灵动和随形的特点；仁德的人往往都十分沉静，能够坚守住自己，有山肃穆稳重的特点。因此，智慧的人往往永远都是快乐着的，仁德的人善于养气从而能够长寿。山与水的存世方法，都体现出了中庸之理，所以圣人往往快乐又长寿。而我们如果也能深谙其中的中庸之理，那么我们有理由相信，美好的生活就在不远处。

曾经有一个要去化缘的小和尚，出门之前，他故意穿了一套最体面的袈裟。“为什么要挑这件？”住持问他。

小和尚说：“我穿了体面的衣服，别人就会觉得我是得道高僧，因而尊重我。”

住持说道：“出家之人怀有慈悲之心，不必在乎外表，别人也不是因为你穿的衣服体面，才尊重你的。”

小和尚听了住持的话，于是又挑了一件破旧的衣服穿。

住持问他：“你为什么穿这件衣服？”

“您不是说不必在乎表面吗？”小和尚有点不服气，理直气壮地说道，“我穿件破旧的衣服，人们才会同情我，才会多给我些钱。”

“你是去化缘，还是去乞讨？”住持问他，接着又说，“你是希望人们看你可怜供养你呢？还是希望人们看你仁慈有为，通过你度化千万人呢？”

听到这话，小和尚若有所思。

住持圆寂之后，小和尚继任住持。他总是穿得十分整齐，每天拿着医疗箱，到最脏、最乱的贫困地区，帮助那里的病人洗脓、换药、治疗，虽然每天脏兮兮地回到山门，但仍然高高兴兴，满面笑容。所有的人都不在乎他的外表如何，而是被他仁德的行为感动，对他充满敬意。

这位和尚不仅是智慧之人，也是仁德之人，他明白做人要内外兼修，外表和内心统一起来，和谐中庸，充满善意和仁慈。修饰外在固然重要，但没有内在的修为和仁慈，外表打扮得再齐整，也无法赢得别人的尊重。

南怀瑾先生说："人生不过几个字，看得破，忍不过；想得到，做不来。"内外兼修的中庸之道十分难得，人的一生，即使能够看得破，也不一定能够挣脱世俗。而突破人生痛苦的方法，就是用中庸的态度去对待一切事物，"物来则应，过去不留"。该面对的，就去勇敢地面对，失去的时候就随它而去，不必强求。有智慧的人，才懂得仁德的重要，有仁德的人，才会生出大智慧。只有具备这两样，才能不被大千世界所迷惑，不被周围环境所诱惑。